セジュ】

ローマ共和政

［新版］

フランソワ・イナール著

石川勝二訳

Que sais-je?

白水社

目次

序章

ローマ共和政とは何か？

ローマ共和政の歴史を研究する、それはとりもなおさず、特殊な一つの政体〔ローマ人の心の奥底では明らかに王政とは対照をなす政体〕について、また〔正確に言うなら〕二つの王政的な組織に挟まれた長い時代について一度に報告することと同じである。そのうちの一つは、始原の時代の王政〔ローマ市建設の伝統的な年代、前七五三年に始まり、王の一族を追放した革命の年、前五〇九年まで続いた〕、そしてもう一つは、ローマ帝国である。ローマ帝国の始まりは前二七年一月、ユリウス・カエサルの後継者〔オクタウィアヌス〕が元老院の会議中にあたかも君主のような数々の権力を授けられ、栄光の名、アウグストゥスを贈られたときであった。

ローマ人の共和政は、長らく伝統的に否定的な仕方でしか、もしくは何かに喩える〔「公共のもの」などに〕仕方でしか規定されてこなかった。ローマ人は共和政の開始期を「王の一族が追放された」〔王の一族を追放した時点に関連させて〕という一つの出来事をその年代を数える基準とすると述べた。また、その時に置かれた政体の特徴を述べようとするとき、彼らは単に自由という美名《びめい》で呼んだりした。そのことがわれわれに示すのは、ローマ共和政は、ローマ人自身が最も完璧に成し遂げ得たと確信した一つの組織をもつ国制へ（それからその崩壊へ）と導いた制度を形作るのにふさわしい政治体制であったということだ。ラティウムの一寒村がまずイタリアを、それから地中海を――文化の面で、また確実に軍事と経済の面で――支配する都市になった歴史の本質的な瞬間を明らかにするためには、ローマ共和政という時代がローマ人が内なる構成を洗練されたものにした一時代であったということを明らかにすることが是非とも必要である。

そうはいっても、この仕事は見た目以上に難しいのである。何故なら、考古学は時間と空間の両面にわたり記録類を等しく目配りして残していないし、とりわけ現にわれわれが自由に使える文書史料（古代の歴史家とか、「古物愛好家」たちの）は、皆ずっと後に書かれたものばかりであり（せいぜいよくて、前三世紀末の断片がいくつか残るのみ）、それゆえに、すべての史料は時代も政体も何一つ変わっていないのを当たり前としているからである。古代の著作家たち、たとえばティトゥス・リウィウスやハリカルナッソスのディオニュシオスの語ったものは、[1]時代錯誤を栄養として書かれ、それゆえに、歴史の連続性を過大に評価するものだった。しかし現代科学を動員して再構成した仕事にしても事情は同じである。すなわち、現代科学は、前三〜二世紀の時代についておよそ何も知らない状態から始まり、明確にしようとしたがまだまだ曖昧なままである。

（1）二人はきわめて構成のよく取れた物語を残しているが、いずれもその作品はアウグストゥスの時代のものである。

実はここ最近数十年のあいだにかなりの数の業績が多大な貢献をしてローマの古い時代〔アルカイック期と呼ばれる〕に関する知識を一新したわけであるが、それでも前五世紀から前四世紀に至るローマの歴史を描くのにあたかも前一世紀の歴史と同じようにはとても行《い》かない、と認めなければならない。さしずめ何か意味があることといえば、本書を構成する三つの章は、異なる形態の「さまざまな歴史」から構成されている、と述べることくらいである。というのは、現存する史料の性質によって〔寄せ集めの、多岐にわたる、偏《かたよ》っている〕いろいろと異なるアプローチをわれわれに強く迫っているからである。

共和政の時代区分

本書が採用する時代区分が、必ずしも伝統的な「区切り」を繰り返し提起してはいないというのは、同じ理由からである。従来の時代区分は、ローマ共和政の国制や種々の社会関係について一つの組織的な見方に基づいているが、今や私どもはそのような見方がローマ共和政の歴史の最初の四〇〇年に関して果たしてあり得たかどうか疑っている。たとえば、前三六七年を目印となる年〔平民が執政官職を手に入れた年〕とすることは、今ではほぼ固まっていると言ってよいが、その「見方」に疑いの目が向けられている。共和政の歴史が始まった年から数えて一四〇年の時が経つまでのすべての歴史をパトリキ貴族と平民とのあいだで繰り広げられた権力行使をめぐる対立と関連させてこれまで解釈されてきた。それはそれで紛れもない事実であるが、共和政が始まった時代の制度をめぐってなおも未解明の諸問題がある、これもまたよく知られている。前三六七年に採択された諸法案は闘争の帰結の一つ、と考えなくてはならない。時代は下って前二〇二年、第二次ポエニ戦争の終了間際のこの年に一つの時代が終わった、つまり中期共和政の歴史の真の転換点になった、と考えるのが習わしである。こう考えるのは単純過ぎると思われがちだが、理由は充分にある。少なくともローマはその後の三十年間を通じて戦争を続け、大量の兵は動員されたままで、その間に戦われた戦争は地中海世界の中のローマの地位にとってと同時にローマの内政史にとっても重大な結果をもたらした。

それゆえローマ共和政に関してわれわれが知っている知識のすべてをきちんと整理する年代はどれかと問われれば、それは時代の変わり目を記す年〔現実的な意味でも象徴的な意味でも〕としてかなり強い影響力をもった、と確実に言える諸事件に関連する年でなくてはならない。そのために二つの年代が選ばれる。まず一つは、前四世紀の半ば、前三三八年である。この年にラテン連盟の解体があった。それはローマが多くの困難を克服してついにイタリアの真ん真ん中においてローマの覇権を確立した瞬間であった。しかしまた、この時期は〔これは決して偶然ではありえないが〕ローマ軍に根本的な変化が始まった時でもあった。新しい戦闘単位、中隊に基づく新戦術が採用されたのである。さまざまな理由からこの改革はいっそう遠くの、いっそう手強い敵を目の前にして軍事的な効果があった、と説明される。また国内的な動機——さまざまな社会上の平衡が修正されたことに起因したのであるが——に基づく改革でもあった(1)。そしてもう一つ、第二の年として、前一六七年が挙げられる。すなわち、マケドニア王ペルセウスの軍を破ったローマは、東方《オリエント》に対してその優位を確立し、兵の動員をかなり削減した年であった。東方での戦争は、とてつもなく大量の戦利品をローマにもたらしたので、租税の一つ、トリブトゥム〔軍隊の維持に使われた〕は、徴収を一時的に中止され（この税は共和政の終わりまで存続したが）、ローマ市自身が大きく変貌する原因にもなった。しかし、この年をティトゥス・リウィウスの叙述は失われてしまった。その結果、それ以後の歴史は全く別の形の証拠に頼らなければならなくなった。そして最後に一言。その年はローマがアカイア人〔ギリシア人〕の人質一〇〇〇人を受け入れた年であるが、ローマの歴史を書いた偉大な歴史家の一人、ポリュビオスもその中にいたのである。

（1）すでにガエターノ・デ・サンクティースが次のように書いている。「この年はローマ史の決定的な瞬間であった。」（De Sanctis, G., *Storia dei Romani*, Torino, 1907-1964, II, 267）

第一章　ローマ共和政の始まり

I　共和政はどのように誕生するか？

共和政というものは果たしてどのようにして生まれるか、私たちが知るのは前六世紀の最後の数年についてギリシア人やローマ人の歴史家によって語られた物語によってではない。〔第七代〕タルクィニウス・スペルブス王の息子が類《たぐい》まれな貞女、ルクレティアを辱めたので、彼女はこの不名誉に耐え切れず、刃物をわが心臓に突き刺してみずから命を絶ったが、このとき彼女の夫、タルクィニウス・コラティヌスは、ユニウス・ブルトゥスやプブリウス・ウァレリウスの助けを借りてローマ人が反暴君の政治に立ち上がるよう駆り立て、ついに王とその一族に逃亡を余儀なくさせ、ブルトゥスとコラティヌスは新体制初の「執政官《コンスル》」になるが、それはローマ市の建設後二四五年目のこと、つまり前五〇九年のことであった、と文学的な伝承は述べようとしているだけである。

この伝説の中身がどれほど信頼できるかは別にして、一つ確実だと思われるのはその年代である。すなわち、まさにローマが都市化の途上にあった前六世紀の終わりに重要な一つの変化があったと確認するのは考古学を措《お》いて他にない。たとえば、ローマの王宮《レギア》の敷地(1)は、正確にこの時に祭祀の場所となるべくさまざまな模様替えが、〔後になっても何一つ変わらないプランに基づいて〕行なわれ〔その後もさまざまな改修があったが、前三六年の模様替えもその一つだった〕、まるで王宮《レギア》の機能は前六世紀の末から不動のものであったかのようである。その他に都市に是非とも必要な改良のいくつかの例もまた前六世紀の最後の数年以後に始まっており、右に述べた年譜《クロノロジ》を確認しているように思われる。そのうちのいくつか重要な改良に関係するものを挙げてみると……。牛広場《フォルム・ボアリウム》〔サントオモボノの地区〕の幸運の女神《フォルトゥナ》と大地母神《マテル・マトゥタ》の神殿、フォルム・ロマヌムの民会場《コミティウム》である。さらに、ローマ人が彼らの最も重要な神殿、カピトリウム丘のユピテルの神殿〔実際はユピテル・ユーノー・ミネルヴァの三対神の神殿〕の奉献とローマの執政官の一覧表〔の始まり〕をこの同じ年〔前五〇九年〕に遡らせているのも決して偶然ではない。執政官の一覧表、つまり歴代執政官の表《ファスティ・コンスラレス》〔現存していて、その全体の信憑性はこんにちもなお何一つ問題はない〕は、正確に前五〇九年に始まっている。すなわち、ローマ人はまさしくこの時期に政体の重要な変動を経験したとの思い出をいつまでも失わなかったのであり、この年、前五〇九年は〔年代を数える〕基準点にさえなったのである。というのは、始まりの伝説がこしらえられるのはすべて年代と関連していると考えられるからである。(2)

(1) エトルリアの真ん中〔の都市〕にもあった同じ型のいくつもの建物とこの王宮(レギア)とを比較すると、そこには王の住居のさまざまな機能があったと確認される。

(2) 集団の記憶を深く残したもう一つ別の年代とも関連している。すなわち、前八世紀の真ん真ん中に起こったラテン人とクイリナリス丘のラテン系の住民との政治的な融合の年代である。たとえば王政時代に関しても伝承の構成については、

J.-C. Meyer の優れた著作に遡る。巻末参考文献参照〔訳注〕。

しかしこの年代算定の基準の年から一歩踏み出し、制度あるいは政治の分野で当時起こった変化を分析しようとすると、どこまでも危険がついて回る。ジョルジュ・ジュメジーユは、ティトゥス・リウィウスやハリカルナッソスのディオニュシオスが語った前五〇九年以前の時代を「王の」時代とずっと言い続けてきたが、インド・ヨーロッパ語族のその他の諸国民に見られた英雄詩の時代と同じと理解し、諸国民の伝承を根拠にして、あまねく知れ渡った神話的な「歴史物語」に相当したのは確実、と立証した。彼はさらに共和政の開始時にまつわるいくつかの物語風の事件も同じ現象、と明言している。それゆえ彼は首尾一貫した一覧表を示して、それらの事件は実際に起こったらしいというのであるが、この新しい政体、共和政を文献学ないし考古学のデータだけに頼って満足のゆくように〔そして彩り豊かに〕描くことはあきらめた方がよさそうだ。

一つの事実は確実と思われる。すなわち、共和政に先立つ時代に多数のエトルリア人がローマにいた事実である。それがエトルリア人は政治的にローマを支配したと伝えるとしても、彼らが文化的に優越していたと伝えるものではない。考古学的分析から分かることは、エトルリア人がローマで権力を握ったとしても、物質的な観点から見て、彼らはその本来の社会と何ら異ならない社会の政治的な支配を手に入れただけだった。前九世紀の開始以来、ラティウム地方の文化は発展したが、それはエトルリアの文化的な発展と並行して起こったので、前八世紀このかたラティウムとエトルリアは緊密に関連した領域と考えることができたほどだった。逆に前五世紀の初めからローマの対外関係は弱体化したと確認され、社会と政治の対外関係は修正されたが、ローマ社会の人種的な構造に関する修正であったと思われる。すなわち、この時代の「物質文化」に影響を及ぼしたさまざまな変化は〔何よりも〕量的な変化であって、長いあいだ考えられてきたような「景気の後退」を前提とする変化ではなかった。

たとえエトルリア人の王の一族がローマから追放されたとして、王の追放は別のエトルリア人の王によってなされた、それは確かにあり得るとこんにち広く受け入れられている。その王とは、クルシウムの王、ポルセンナ。彼については、ティトゥス・リウィウスが非常にみごとな話を語っている〔ティトゥス・リウィウス『ローマ市建設以来の歴史』第二巻、九〜一五章。以下リウィウスとのみ記す〕。彼はまず初めタルクィニウス・スペルブスに援助を惜しみなく与えると同意し、彼をもう一度ローマの王に据えようとローマ攻囲を始めた、と言われる。しかしローマ人の固い決意と彼らの英雄的な行為の前にさしものポルセンナもタルクィニウスとラテン連盟〔トゥスクルムとアリキアが牛耳っていて〕〔遠く離れたギリシア都市、クマエの支援を受けた同盟体〕の諸都市に抗して戦っているローマ人に合流したようであった。実はこの伝説はさまざまに歪曲されているのであるが、歪曲の背景として〔そこにはインド・ヨーロッパ語族の神話にわれわれがよく認める基本的事象がまたもや現れている〕、前六世紀の終わりの時点でローマを不意に襲ったこの「革命」は、北エトルリアの一都市〔クルシウム〕がティベリス川の河谷《かこく》に対しても、そしてまたローマの支配から解放されようとうずうずしていたラテン人の諸都市に対しても、その影響力の拡大を図ろうと対抗意識むき出しだった、このような特徴の国際関係の文脈の一環を成すものだった、そう考えてはじめてこの革命は理解できるのである。敗北したポルセンナは、捕らえたローマ人とラテン人を置いて、北へ向け帰って行ったといわれるが、ラテン人との紛争はローマがレギルス湖の戦いに勝利して（前四九九年）一挙に解決され、さらにその数年後に調印された条約、カッシウスの条約（前四九三年）によってラティウムの諸都市はすべてローマとのみ平等の立場で条約を結ぶことができるとする両者の関係が定められた。

いずれにしても、王政を倒した後に起こった大混乱〔共和政の創設〕に関わった個性豊かな創始者たちの姿形《すがたかたち》をローマ人は考えつく限り独力で表現しようとしたのは注目に値する。それには、この新しい政体は、確立するために〔リウィウスが語るところでは〕僭主《せんしゅ》タルクィニウス家の一人の暴虐に端を発した反乱がローマ人の純な大義に基づくもの、としなければならなかったからである。その上、反乱に付随して起こった武勇譚《ぶゆうたん》――ホラティウス〔隻眼《コクレス》の名を得る〕とムキウス〔左利き《スカエウオラ》とあだ名された〕の武勲や手柄――が立証する類の話はとりわけ華々しいものである。最後に、この新しい政体に付きまとった一人の人物を最大限に厳かな人物とし描かなければならなかった。すなわち、あの人を恐怖させる物語の主役、ユニウス・ブルトゥスに演じさせた物語である。彼は共和政最初の執政官の一人で、自分の二人の息子がタルクィニウスを再びローマの王位に就かせようと陰謀を企てた廉《かど》で告発されるや、有罪と宣告し、自分の見ている前で処刑させた。それはまたスプリウス・カッシウスの裁判も〔これは多分また神話であろうが〕それと同じ類い、と確認しなければならない。彼は前四八五年に「王政に魅せられ」て、つまりみずからの利益のために、君主政を復活させようと望んだと告発された。

II　自由の見習期間

この新しい政体をこんにちでは共和政と呼ぶが、ローマ人は王政的《レグヌム》な僭主政に対して、自由《リベルタス》と名づけ、君主政の支配する（異邦人《バルバロイ》の、あるいはヘレニズム時代の）世界を経験してみて、自分たちの政体こそが模範となり得る政体、これぞ天に恵まれた政体、と固く信じた。共和政体の礎《いしずえ》となったのは、君主政に対する血まみれの反抗であるとみずから位置づけたので、ユリウス・カエサルの時代を含めてその時代に至るまでローマ市に王を認めさせようとするあらゆる試みを（現実のもの、また構想に終わったものであれ）押さえ込んだ物語によってその歴史は飾られたのであった。

しかしこの共和政は先に述べたように、否定的に定義されたので、少なくともその起源について好意的な内容をお知らせするのはなかなか難しく、少なくともその起源に関しては往々にしてさまざまな仮説に頼らざるを得ないのである。共和政の「執行権」に関して言えば、革命のもたらした最初の結果は、二度と王を戴いてはならない、というものであったから、職務の同僚制と任期一年制の原則はこの緊急事態の中で実現されたと思われる。前五〇九年度の歴代執政官の表《ファスティ・コンスラレス》からは五人の「執政官」の名が読み取れるが、伝承はこの奇妙な数を排斥（タルクィニウス・コラティヌスの場合）と死亡（ユニウス・ブルトゥスとルクレティウスの場合）による交代、と説明するが、しかしこの五人の名は、ローマ人が最高権力の任命の際に正規の手続きを踏んだとしても、予期せぬことは起きる時には起きる証拠、とわれわれは解釈できるだろう。いずれにしても執政官の権力は翌年から恐らく二人の人間によって行使された。二名から成るこの上級政務官に与えられた名称が何であれ（おそらく執政官《コンスル》の名称以前にプラエトル、つまり「前を進む人」を意味する語が使われた）、この官職の本質として重要なのは、〔複数の〕プラエトルが等しい権力を保持したこと（権力を行使するとき、初めはその役割を交代で担ったように、真の「同僚制」の機能は排除されていた）、その権力は命令権《インペリウム》と呼ばれたこと、この二点である。この制度上の慣習によって、命令権は実際に二つの別々の権力であったことは強調されてよいであろう。すなわち、市民および都市ローマに関する政務官の権能に相当するのは、「平時の命令権」と呼ばれ、政務官の遠征の際に軍隊を指揮する使命を表わしたのが「戦時の命令権」であった。二つの権力それぞれが担当する区域は当然異なっていた。一つは「ウルプス」と呼ばれるローマ市で、その意味は城壁の中に囲い込まれた都市ということではなく、ポメリウムという宗教的な境界だった。それは源初に異なる性格の二つの権力が確実に存在した証拠である。すなわち、「平時の命令権」は、執政官就任の日にカピトリウム丘において鳥占いの儀式が執り行なわれるべき、と定められていた。そしてその職務はまるまる一年間有効であり、その儀式はローマ市の再建を意味するものだった。[1]「戦時の命令権」に関しては、一旦国家が発足すると、政務官は新たにそこから外へ出る（ポメリウムを越える）たびごとに出立の鳥占いをやり直さなければならないことを意味した。なぜなら、ローマ市へ帰還するたびごとに戦時の命令権を効力のないものとするからであった。市民に関わる権力と軍事に関わる権力の二つの形態をこのようにきっちりと分けること、同時にローマが必然的に関わらねばならなかったローマ市の非武装化とは明らかに意味のないことではなかった。二つの権力の明確な区別があったと証言するのは、何よりもまず、インド・ヨーロッパ語族のあいだに非常に広範囲に広まっていたあの感情であった。すなわち、軍人は特別に汚れた存在であること、そしてまた戦闘のあいだに身についてしまった狂暴《フロル》さがいつ何時己の祖国をも危険に曝すか知れない、という感情である（ローマ人は自分の妹の命を奪ったホラティウスの有名な物語を思い出すことでそう信じ込んでいた）。したがって、軍人を清める儀式を行なわないで、そしてまた、軍人から彼ら特有の暴力を奪うことなくして、ローマ市入りを認めてしまうことは出来なかっただろう。彼らは軍人となる儀礼を行なって初めて動員されなければならず、またそうすることによって、彼らを恐るべき軍人に仕立て上げたのであった。しかしこのように二つの権力をはっきり区別すること、それは共和政が終わるまで必ず行なわれた。そのような慣行は、後の時代になるほど単なる区別に過ぎなくなるが、それでも時と所によっては起こりえた武力による権力の掌握に対して、ローマ人が示した非常に強い警戒心を表わすものであった。

（1）権力の空白は〔国土が神の保護を奪われた土地の状態にあったので〕特別に重大な状況、とつねに感じられたことを説明するからである。

このような平時の命令権と戦時の命令権との対置は、もう一つ別の形をとってローマ共和政の本質に関わる制度の一つ、プロウォカティオ〔国民へ上訴する制度〕にも現われていた。[1] 上訴権《プロウォカティオ》は、刑法上の有罪判決（死刑ないし罰金刑）が執政官によって市民に対して宣告され、ローマ市民なら誰でもその不当を訴え出ることが出来る法律上の能力のことであるが、そのやり方というのは、上訴をする者が大衆の集会の前で司法官に対して討議の手筈を整えるということであった。この上訴権をローマ人自身は市民法の本質を成す一片の規定と考えたが、刑事裁判権の枠組《わくぐみ》の中でのみ行使され、軍隊名簿に登録された市民は彼らを指揮する戦時の命令権《インペリウム》を保持した政務官の宣告に対しては上訴する力はなく、軍司令官によって下された死刑判決は、直ちに適用出来るものだった。

(1) 伝承は〔正確に言うと〕自分の妹を殺害した廉で告発されたホラティウスの物語に王政時代からずっと続いたこの制度が適用されたものと想定して述べている。

ローマの内外において重大な危機が起こった場合、制度よりも実践を重んじる考えから、例外的な権力をもつ政務官、すなわち独宰官を任命することが出来るとし、この政務官の決定は上訴権の権利に従わなくともよいとされた。ラティウムの多くの都市にも独宰官の名を持つ職があったことは立証されているから、この官職は決して目新しいものではなく、新しい政務官ではなかった。ローマの場合、独宰官は一人きりであった限りにおいて、独特であった。もっとも独宰官が任命し、職階の上では彼の下であった騎兵長官がいつも付き添っていたが。しかしとりわけそのほかの政務官の全体は〔執政官も含めて〕独宰官の命に従わねばならなかった。それを証言するのは彼が二四名の先導吏《リクトル》を先触れ役として付き従わせた事実である（一方、執政官は一二名の先導吏を従わせただけだった）。しかしながら独宰官は絶対的な権力をもっていたがゆえに、その権力は厳しい時間の制約下にあった。独宰官が任命された期間は〔理論上〕最大で六か月であったが、実際の期間はきっちり職務のあいだだけに制限されていた。史料は早くも前五〇一年にはサビニ人との戦争の脅威に対処するための独宰官の名前を明らかに伝えている。ローマ共和政の歴史を通じて数々の異例な挿話がちりばめられているが、ただ一人の人（たいていは元執政官）が国務を旧に復したり、例外的な軍司令権を握ったり、あるいはまた、宗教上の問題を規制する任務を帯びたりした。

Ⅲ　民主政の見習期間

たとえ独宰官が任命されたときでも（全く独特の手続きに基づいて真夜中と日の出とのあいだに行なわれた）、その他の政務官も選ばれたに違いない。けれども、国家の第一人者が独宰官に選ばれることは、ほとんどあり得なかった。すなわち、考えられる限りでいえば、〔共和政〕以前の政体の下では選挙の集会はなかったし、ローマに共和政が始まってからはずっと執政官《コンスル》〔正確にはまだプラエトルの名で呼ばれたが〕は貴族層の中から二人一組で選ばれたということは広く受け入れられているからである。その選挙の経過は、現存する史料に正確な情報がないので、いくつか細々とした点を基に想像するほかないが、貴族層は王権の下でも存在し、貴族層が構成した元老院はローマ国家よりも古い制度であった、と伝承に基づき広く認められている。王の一族がローマから立ち退くと、貴族たちは〔正確には元老院に拠った貴族たちと言うべきであろうが〕今度は自分たちの番だとばかりに、王の権力を授けられ、共和政に特徴的な制度上の慣習を作り上げたに違いない。

クリアの集会とケントゥリアの集会

国民の集会なるものについて言えば、その存在が確実と思われる集会は、最も古い形式を保った集会としてクリア民会があり、その集会において市民は全く平等な立場にあった。それ故に市民は、戸口・財産調査《ケンスス》のためにすべて階級分けされる場合を除いて一人ひとりの私的な地位が何かは問題にされることはなく、クリア民会はそもそもの始まりから上級の政務官に法の票決というやり方で〔つまり「命令権に関するクリア法」に則《のっと》って〕その権力を授ける手続きを行なった。このクリア法は、クリア民会が三〇人の先導吏《リクトル》〔三〇のクリアを代表するとみなされた〕の集合体にすぎなかったこの時点で代表の集会のすべての特徴を失った時でさえも、依然としてなくてはならない必須の行為に止《とど》まった。それは非常に重要なことをわれわれに伝えている。すなわち、何かにつけて投票で事を決したのは非常に早くからローマ人の身についた原則であったが、こう見て来ると、ローマ市の本質に関わる記録類の周知徹底のためだけにローマ国民が招集された時期との関連で決定的な変化があった、と言えるだろう。もっとも、投票単位がおそらく非常に古くから階層ごとにきちんと分けられたのは、彼ら独自の民主政のイメージを示す事実に他ならないのであるが。

それにしても依然として一つ問題が残る。それは討議のため真に国民の集会となる民会をどう配置するか、その条件というか、要するに選挙や法の票決がいつも行なえるようにするために集会はどう組織されるかの問題であった。クリア民会は三〇の投票単位に基づいて構成されていたから、いつも過半数の票が引き出されるか、分からなかった。ケントゥリア民会は共和政時代にすでに戸口《ケ》・財産調《ン》査《スス》のための五つの階級に基づく構成をとっていたけれども、さりとて、いわゆるセルウィウス・トゥリウス王の改革によってこの民会の構造を説明するあの有名な伝承から早くも王政時代このかたそのような形で構成されていた、とはとても言えない。しかしケントゥリア民会の構成は、共和政の最初の数十年のあいだに遡《さかのぼ》って存在した、それは確かにあり得た。その理由はと言えば、まず第一に、『十二表法』(前五世紀の半ばに年代が置かれる)の中にこの民会の配置を前提とする法的カテゴリーの一つを暗示するものが見い出され、(1)次いで、ケントゥリア民会内の一つの投票単位、プロクム・パトリキウムという一ケントゥリアが存在したからである。それはパトリキ貴族の元執政官たちの集まりで、前三六七年、すなわち平民が執政官職に選ばれ得るとされた年以前の状況を色濃く映し出している。以上のようにケントゥリア民会は非常に古い形を残しているのであるが、その始まりはいつごろまで遡《さかのぼ》れるか、なお決めがたい。その構成は以下の通りである。

(1) 完全市民(アッシドゥイー)と呼ばれるのは、戸口・財産調査(ケンスス)の五つの階級の人びとのことであるが、調査の対象になるのに充分な財産を所有して、無産者(プロレタリー)に対置された人びとを指した。

ケントゥリア民会の組織（ケントゥリア名と年少・年長組のケントィリア数）

ケントゥリア名	年少組の数	年長組の数	合計
プロクム・パトリキウム			1
騎士			18
歩兵			
第 1 階級	40	40	80
第 2 階級	10	10	20
第 3 階級	10	10	20
第 4 階級	10	10	20
第 5 階級	15	15	30
工兵隊 *			2
軍楽隊			2
アッケンシ・ウェラティ **			1
無産市民（プロレタリー）			1
総計			195***

* 職人のこと

** 従軍する資格がある武装をしない兵士で、死者の武装をかき集めて彼らに代わって戦う兵士。

*** ケントゥリア民会で投票したのは軍楽隊までの 193 ケントゥリア（本文、98 頁参照）。

過半数は 97 票。プロクム・パトリキウム、騎士、および歩兵の第 1 階級で過半数に達した〔訳注〕。

この表から確実に言えるのは、ケントゥリア民会の組織が軍隊の組織に基づいたことで、実際にいくつかの古代の本文は、この組織を都市の軍隊《エクセルキトウス・ウルバヌス》と呼んでいるほどである。またこの事実から、ローマの軍隊が都市の聖なる境界《ポメリウム》の外側、すなわち軍神マルスの野《カンプス・マルティウス》において集合した理由が分かる。ケントゥリア民会が本質的に軍隊の性格を持ったのは、招集のやり方（トランペットによる）もそうであるが、また民会を主宰する政務官の権力の性質、(1) さらに民会の運営方法(2)等々から明らかであった。しかしとりわけはっきりしているのは、ケントゥリア民会には「階層性」が色濃く残ったこと、加えて、騎士のケントゥリアと第一階級のケントゥリアとで集会においていつも絶対多数を構成するよう意見が一致したことである。

（1）命令権（インペリウム）を帯びた政務官であったこと、そしてマルスの野へ出て行く前にはその出発に神の保護があるよう儀式を行なわねばならなかったこと。

（2）ヤヌスの丘（ヤニクルム）の頂上に軍旗が高く掲げられたが、それは分遣隊が投票に忙しい国民の安全を夜を徹して注意深く見守った何よりの証（あかし）。

『十二表法』は、ケントゥリア民会の性格を「最大の民会」、つまり主権をもつ集会、の名で呼んでいるが、ケントゥリア民会は長いあいだ最も重要な民会でありつづけたと同時に全国民《ポプルス》を招集したこと（これは〔既に見たように〕それ以外の民会では必ずしもそうでなかった）、またケントゥリア民会は選挙（この民会は最高の政務官を指名するためであった）、立法（この民会は原初において全国民に適用できる法を票決した唯一の民会だった）、そして司法（上訴権《プロウオカティオ》が行使されたとき、死刑判決の可否を裁く）の各機能を持ったからであった。

Ⅳ　平民層の誕生

いずれにしても、非常に早くから平民層には固有の集会ならびに政務官が必要であったのは明らかだったが、ティトゥス・リウィウスを読むと、この新しい政体、共和政の始まりから数えて数十年のあいだにローマを支配したのは、平民層とパトリキ貴族層とのあいだの対立であったことが分かる。しかしそのような事態は、実際に彼がラテン語で書いてわれわれに語った内容よりは多分もう少し複雑であった、と考えることでこんにち意見は一致している。おそらく王政時代の社会構造は、真っ二つに区分された集団がその基になっていた。すなわち、貴族層を構成する元老院議員《パトレス》たちは庇護民《クリエンテス》〔彼らは国有地（ローマの土地《アゲル・ロマヌス》と呼ばれた）に土地を所有し、そこに居住した〕を抱えることが彼らの基本的特徴の一つであったが、その一方で、ローマ国民、つまりローマ市内に居住し、クリア民会に議席を占めて市民《クイリテス》と呼ばれる一団もいたということである。元老院に拠った議員《パトレス》たちとクリア民会に拠る市民《クイリテス》、この二元性はフォルムにあった集会の場所の構成にはっきりと表われていた。それは二つの集会が同時に開かれた非常に古い時代《アルカイック》の複合体であり、厳密に南北の線を軸として一つにまとまった構造をしていた。まず民会場《コミティウム》であるが、直径約三五メートルの円形をしていて、それを階段がぐるっと取り囲んでいた。この民会場の北側に、ちょうど立ちふさがるように建っていた長方形の建物〔その正面の両方の角は民会場に接していた〕が元老院の集会の部屋で、元老院議場《クリア》と名づけられた。つまりこのような配置は、二つの集会は異なっていたけれども、また「発言は関連していた」という独特の性質をはっきりと証言している。つまり民会場の南東の円弧《えんこ》の頂上に立って演説中の護民官の立ち位置は、民会場の階段に立っている国民にも、また元老院議場の中に議席を占める元老院議員にも同時に〔扉はなく、入り口はつねに開いていたから〕演説できる場所であった、と確認できる。

こうして始まった新しい政体〔すでに権力は分割されていた〕は上述したような次第で、権力の内容を徐々に修正していった。すなわち、元老院に議席を占めた議員《パトレス》は、すでに単なる王の「顧問」ではなくなっており、年を経るにつれて、王の権力の一部さえ保持するようになったから、彼らの重要性はますます増していった。二名の執政官は最大の保護権《アウスピキア・マクシマ》を持つ人――かつてそれは王の特権であったが――と主張して、その任務が終了した後も、特別の栄誉、たとえば市民の共同体とユピテル神とのあいだを取り持つ人としての権威を保持した。彼らは、その任務によって貴族の位に列せられた個人で、彼らのためにケントゥリア民会の真っただ中に一つの特別のケントゥリアが設けられ、[1]たまたま執政官に欠員が生じた場合には、古い決まり文句「保護権《アウスピキア》は元老院議員《パトレス》たちの手に帰る」に基づき執行権は自ずと彼らの手に帰したのであった。この貴族層は共和政の始まりの時代にかなりよくローマ社会に浸透していた。すなわち、このような貴族の一人、サビニ人のアッタ・クラウススの物語がその証人である。彼はしばしば引き合いに出されているように、自分の全家族と庇護民《クリエンテス》のすべてを引き連れてローマにやって来ると、ローマは彼を快く迎え入れ、家屋敷《ドムス》を建てる土地を与えたので、彼はローマでアッピウス・クラウディウスの名を名乗り、元老院議員《パトレス》の一員として受け入れられた。また彼の庇護民《クリエンテス》たちは僅かな広さの国有地《アゲル・ロマヌス》をもらって定住させられたのであった。そしてまた共和政の最初の頃、貴族層は終始一貫して権力の独占を要求したのではない、ということは確実と思われる。最初の二三年のあいだに約一二名の平民の名が歴代執政官表《ファスティ・コンスラレス》に見い出されるが、彼らはおそらく新しい政体、共和政が創始された時に、元老院という高位の集会にメンバーとして登録された者《コンスクリプティ》であったに違いない。しかし貴族たちは自己閉鎖に向かう。それは説明が可能なプロセスによってと同じく、いくつか単純な心理的理由によって、しかしまた確信をもって説明がつくのである。すなわち、絶えざる戦争という状況下にあっては、もはや神々の保護を受けるに値しない奴らによって不当に保持されているような町に神々は好意など持たないのではないかと心配になったパトリキ貴族層〔元老院議員《パトレス》の息子たち〕の手に彼らの父たちが既に不当にも保持した大きな保護権を留保しようとして自己閉鎖化する傾向にあった。このような閉鎖化は〔徐々になされたようであるが〕ようやく前四三三年になって、市民の真の二元性を認めて達成されるに至った。けれどもこのような権力の保持者たちの寡頭《かとう》政的な傾向はまだ時期尚早であったので、それに対する反動が起こり、前四九四年、貴族層《ノビリタス》に属さない大衆は、彼らにも下った動員令を機に、武装して聖なる山《モンス・サケル》へ離脱することを決定し、ローマ市へ再統合することに断じて同意しなかった。彼らはこの時に平民固有の利害を論じる権限のある、すなわち護民官〔多分初めは二名だった〕を、少し後には、平民造営官《アエディリス・プレビス》を選び、そして初めは平民層にのみ有効な法を票決するための平民会《コンキリア・プレビス》を手に入れたのであった。平民会議決は前二八七年のホルテンシウス法の成立によってようやく貴族《パトリキ》を含む全国民《ポプルス》に適用できることになった。

（1）二四頁の表を参照〔訳注〕。

翌前四九三年、ケレス・リベル・リベラの三対神の神殿がアウェンティヌス丘に奉献されるが、この神殿は平民にとって特別な聖所になった。いわばカピトリウム丘の神殿と対をなすものだったが、農業の豊かさを司《つかさど》る神がみに献げられたこの神殿は、数年前の飢饉《ききん》の時に建設が始まり、平民層の聖なる場所になったのは明らかに偶然ではなかった。この神殿が鮮明にしたのは反対の姿勢、つまり経済の諸問題に、そしてローマが抱える食糧補給の問題にも関わっていた。なぜなら王政時代末期の征服がもたらしたさまざまな利益は、おそらく貴族たちにとっての利益であったのは確実だったからである。それをよく示すのは、この時に創設された農村トリブスに付けられた名前だったと思われる。

実際によく知られたことであるが、伝承はローマ市の四トリブスの創設をセルウィウス・トゥリウス王の仕事に遡らせ、その際の四トリブスは、ローマ市の地誌をはっきり特徴づけるものとなっていた。それと対照的に原初の三トリブスは、人種的な性格をもっていたに違いない。したがって、四トリブス設置の目的は、市民の組織化の点で三トリブスに取って代わった、つまり四トリブスはローマ市民にとって非常に重要だったのである。というのは、市民はトリブスのどれか一つに所属しなければならず、それはいくつかあった市民権確認の形式の一つだった。すなわち、トリブスを持たない市民はいなかったのである。そして公式の記録に原初のトリブス名を示すことは、市民の名を表わすのに必要不可欠の部分となった。そこから、国有地《アゲル・ロマヌス》に居住する市民をそこに登録するため、農村トリブスを至急に創設する必要が生じたのである。すなわち、ローマ市の周辺一帯に広がる場所にその名の起源を持った六つのトリブスが生まれた。そして有力な家の名をもつ一〇のトリブスの中にはコルネリア、ファビア、アエミリア、クラウディア（正確に言えば、アッタ・クラウススの庇護《ひご》民とその親類が定住させられた地域）の各トリブスがあった。多分これら氏族名をもつトリブスの創設は、当該氏族がすべての領域を所有したことを暗示するものではないだろうが、しかしこれらの氏族は優先的にトリブスの割り当てを受けたのであり、食料の欠乏に際してこのような特権は途方もなく有利に働いたと思われる。

アウェンティヌス丘は、平民の神殿がケレス・リベル・リベラの三対神に献げられて建設されたのをもって平民たちだけの住む丘になり、平民会の記録もそこに保存されたに違いない（その神殿の世話は、新設の二名の政務官、平民造営官《アエディリス》に委ねられた）。つまり平民会《コンキリア・プレビス》はこの丘において開かれたが、貴族《パトリキ》はそこから排除されていた。平民会の運営権は護民官の職権であったが、それはローマ帝国の時代まで不変だった。護民官の職は〔厳密に言うと〕国家の正式の政務官職とは違いその職権は貴族によって危険に晒されたすべての平民に援助《アウキシリウム》の手を差し伸べると同時に、両者のあいだに割って入る義務を持つものだった。言い換えると、護民官は〔政務官の〕権限《インペリウム》を持たず、政務官の決定に対して拒否権でもって対抗する〔つまり政務官の行為を止めに入る〕力しか持たなかった。しかし護民官は強行する権利《コエルキティオ》――それは罰金を科す権利と死刑判決を下す権利さえも護民官に与えた――に加えて、護民官の「身体は神聖にして犯すべからざる」性質があった、と言っておかなければならない。したがって、護民官の身体に対するあらゆる打撃は罪となる〔つまり呪われて《サケル》いるとされた〕のであった（共同体はどんな手段を使ってもそうならないようにしなければならない）。また護民官の財産は献げものとしてそっくりケレス神に引き渡されたので、それ故にこそ、同僚の一人は拒否権を発動することによってのみ一人の護民官の決定に反対できたのであった。

V 人口の推移

以上、ローマの制度について、さまざまな角度から考察してきたわけであるが、共和政の最初の数十年のあいだにローマ人が抱いた関心の本質は何かと問えば、それはとりもなおさず隣人の攻撃からいかに安全を確保するか、に他ならなかった、ということが分かる。われわれはこのことを忘れてはならない。実際、これより以前の時代のローマ史の特徴をローマの拡大と捉えれば、拡大は共和政の最初の一世紀のあいだ停止していた、と確認できる。一七番目の農村トリブスがトリブス・クルストゥミナの外側にトリブス・クラウディアと同時に創設され、トリブスは総計で二一になったのち、共和政のこの時期に一つのトリブスも創設されなかった、という事実がそれをはっきりと証明している（もし伝承が伝えるトリブス創設の年譜《クロノロジー》に従うとすればであるが）。これはローマ市の領土と人口動態の実質的な増加が一時休止したことを暗示するものである。そして次に人口数の中には、たとえばこの時期に関して文学的な史料によってわれわれに伝えられている数字は〔解釈するに際してある難しさは確かにあるが〕全体として見ると経済的な不振があったと確認するのである。[1]

（1） 前四七四年から前三九三〜二年までの人口数を参照。人口増が一時止まった時期と見られる〔訳注〕。

付表2

紀元前	国有地＊（単位平方キロ）	人口数
508	822	130000
503		120000
498		150000
495	2つの農村トリブスの新設	
493		110000
474		103000
465		104714
459		117319
396	1510	
393/2		152573
387	4つの農村トリブスの新設	
358	2つの農村トリブスの新設	
340/39	1902	165000
338	5289	
332	2つの農村トリブスの新設〔訳注〕	
326	5766	
ca.323		250000

＊国有地（アゲル・ロマヌス）

この時代と、そして前四世紀の終わりまでの時代に関して、先に述べた数字は（ずっと後のアウグストゥスの時代と同様に）総人口数であった（成人男子のみの数ではなかった）としても、ローマの人口数のかなりの量が規則的に低下した、と確認される。このような人口数は、前四九八年に関して述べられている、明らかに例外的な数字を否定するものではない[1]。共和政の最初の年の数字に勝る数字を見いだすには、一世紀以上も待たねばならなかった[2]。

（1）この数字は、一方で実際に同年、二つの新しいトリブスの設置が認められ領土が増えたこと、他方で、おそらく貴族層の庇護民をローマ市民に統合したこととと一致する。

（2）前三九三～二年の数字参照〔訳注〕。

先に述べた数字は実際の人口数をより少なく見積もるために、植民市の建設〔新しく都市を造って人口数を差し引くことを意味する〕の数を格段に多くしている、ということはあり得ないだろう。実際に植民市は、前三三八年までに一四が建設（ないし再建設）されたのであるが、それらはラテン植民市と呼ばれて、植民市の住民はローマ市民権をもたなかった。ローマの文学的な史料は、これらの植民市の建設を純粋にローマ人の発意だった、と述べるが、しかし実際はラテン連盟によって定住させられた植民市であって、ローマが建設に際して果たした役割はごく控え目だったであろう。

それゆえに、共和政の最初の一世紀に起こった人口の危機を説明するのに唯一残されている手掛かりは、食糧供給と、そして戦争という難しい諸問題ばかりであるが、しばしば別の問題の結果ということもあり得る。[1] ティトゥス・リウィウスによると、共和政になって最初の数十年間の歴史は、食料の欠乏とさまざまな病気が重大な区切りとなっている。すなわち、前三八三年の「疫病」と食料の欠乏に至るまで、一四回もこの順序で困難な問題が起こったのである。前三八三年には、結果として穀物の高騰という単純な現象が生まれるのが目撃されるが、そこに至るまで一世紀を要したのであった。

（1）その当時、問題の一つに疫病があり、もう一つの問題は前四二八年以降の飢饉である。それは猛威を振るい三年間も戦争をするのを妨げたほどだった。

VI　戦争

ティトゥス・リウィウスは、毎年毎年、動員・兵役登録・軍事作戦を物語っているが、すべてローマ市のエネルギーの重要な一部を占めるものばかりだった。しかしそもそも共和政初期の諸戦争、とりわけローマ人がウォルスキ人・ヘルニキ人・アエクィ人・サビニ人と関わった戦争は——その当時までに起こった戦争はもとより、前三三八年以降に起こったに違いない戦争とは反対に——本質的に防衛的な性質の戦争であった。

ラテン人との戦争

ローマの革命〔王政の転覆と共和政の成立を意味する〕の直後、ラテン連盟の大多数の都市がトゥスクルムとアリキアの影響下にローマの支配から脱しようとしたため、ローマはこれらの諸都市とのあいだの関係をはっきりと決めなければならなかった。その際重要だったのが三〇のラテン人の国民全体の動向であっただろう。彼らは同じ文化に属しているという感情から〔その総称の名称、ラテン人の名《ノーメン・ラティヌム》がそれを証言しているが〕彼らが統一されていたことは明らかである。ラテン連盟はその共同の聖所とその祭祀によって有名だった（とりわけ春に祝われたラテン祭《フェリアエ・ラティナエ》があるが、この祭りは、帝政時代まで続き、ラテン連盟よりも長生きした)。ラテン連盟は「一致協力してローマ帝国を入念に支配するために」(フェストゥス、二七六頁)、アルバヌス山の麓にあるフェレンティナの泉において定期的な集会を持ったのである。既に述べたように、この集会において連盟の用務は、すべて「カッシウスの条約」(前四九三年)によって規定された。この条約は、ローマ市に対して連盟を構成する他の共同体の全体と対等に条約を結ぶ能力を保証する内容を持っていた。つまり、それ以後ラテン連盟の各国は、ローマと同数の分遣隊をローマ軍に提供すること、全軍隊はローマとラテン連盟の指揮下に入ること、戦利品はローマとラテン連盟とのあいだで分割されること、軍司令権はローマとラテン連盟とが交互に行使する、以上の条件を意味したのであった。こうして次の一世紀を特徴づける軍事的な諸事件は、すべてラテン連盟全体に関係するのであった。もっとも現存する史料は、ローマ人の役割を特別扱いにしているが。

この時期の勢力均衡は、〔たとえばアルデアとローマとのあいだでコリオリ市の領土をめぐって起こった戦争が立証するように〕外見上それとなく尊重されたに過ぎなかった。この戦争は前四四二年に敗れたアルデアが(元の住民ともども)植民市に生まれ変わることで終結した戦争であった。しかしまたローマとラテン人とのあいだのある種の緊張を証言するのは、アリキアの森〔ネミ湖の近くにあった〕においてディアナ女神に捧げられた連盟の聖所を蘇生させるという事件である。この聖所には、アウェンティヌス丘に建設されたディアナの神殿に取って代わろうとする傾向が明らかに見られた。いずれにしても、ローマ人やラテン人は、いくつもの敵(古代イタリア人やガリア人)が外から彼らを脅かしていたかぎりある種の統一を保っていたが、前三九〇年、〔ガリア人〕ブレンヌスがローマ市を占領した後、ラテン連盟は無政府状態に陥った。その無政府状態は、前三八一年のローマによるトゥスクルムの併合（同市は最初のローマ市民の自治都市《ムニキピウム》となる）、そして前三五〇年代末頃のティブルの屈服とプラエネステとの協定締結によってようやく終わりを告げたが、その頃すでにラテン人との戦争は最終局面にさしかかっていた。

古代イタリアの諸国民との戦争

最も数が多く、そして最も深い意味をもった作戦は、イタリア半島の中央部の諸国民に対するものであったが、彼らは前四世紀を通じてとりわけ騒々しい連中だった。実際に前五世紀は、アペニン山脈の諸国民がそれ以前の勢力均衡を変更した時代で、彼らの動向次第では、情勢はいつ変わるかも知れない、と言われるのがこの時代の特徴なのだが、ともかく勢力均衡は続いていた。これらの国民は（想像するに）特別にダイナミックな人口動態を享受していたので、若者たちは決まった時期になるといくつかの集団を組んで「親元から立ち退き」、他の場所に富を求めてはさらに遠くまで戦争をしに行くのだった。つまりこのような現象は、サムニウム系の住民（彼らの出自を辿ればサビニ人に行き着くのだが）に関して充分よく知られていて、彼らは前五世紀の最後の約三十年間にカンパニア地方に広がり、同地方においてエトルリア人のカプアやギリシア人のクマエを占領した。ついでにそれ以外の国民について述べておこう。ルカニア人はポセイドニア（ギリシア人の植民市）を奪取し、ブルッティウム人（ルカニア人と同じ人種に属す野蛮な人びと）は、イタリア半島の最南端のギリシア人、とりわけトゥリオイ市の植民者に敢然と立ち向かったが、またこの地域のすべて（後のブルッティウム地方）を奪い取った。

このような騒乱はラティウム地方をも容赦なく襲った。すなわち、ラティウムの南部海岸においてそれまで知られていなかった一つの国民、ウォルスキ人が突如姿を見せるのが目撃され、彼らの侵略欲は弱まるどころか、ついにラテン人とローマ人の影響下の地域を陥れるのに成功した。しかしこのような反抗的な状況は、ラテン人とローマ人に対する古くからの敵意、とりわけヘルニキ人とアエクィ人の敵意を呼び覚ましたばかりでなく、一時的に不安定に苦しめられていたサビニ人にも波及しないわけはなかった。前四六〇年、サビニ人の首領、アッピウス・ヘルドニウスは、取り巻きの四〇〇〇人の庇護民と奴隷を率いてローマに夜襲を掛け、カピトリウム丘を占領するのに成功した。

ヘルニキ人〔ローマ人が非常に古くからさまざまな関係を結んでいた人たち〕とのあいだの焦眉の問題は、かなり急いでけりがつき、前四九八年以後、彼らはついに矛を収め、ようやく騒々しい近隣の人種、ウォルスキ人とアエクィ人に対抗する同盟をラテン連盟とのあいだで結んだ。実際にアエクィ人は、ラテン人〔とりわけ最も近くにいたティブルとプラエネステの人びと〕との関係で言えば、この世紀を通じてずっと侵略的な性格を露わにし、その上、頻繁にウォルスキ人とアエクィ人は団結したにもかかわらず、しばしばその敵によって打ち破られたのは決まって彼らであった。数々の敗北をもってしても明らかに彼らを静かにさせられなかったが、しかしついにローマ・ラテン人連合軍は彼らに勝利してようやく最終の解決策を承服させることが出来た。

地図１　中部イタリア

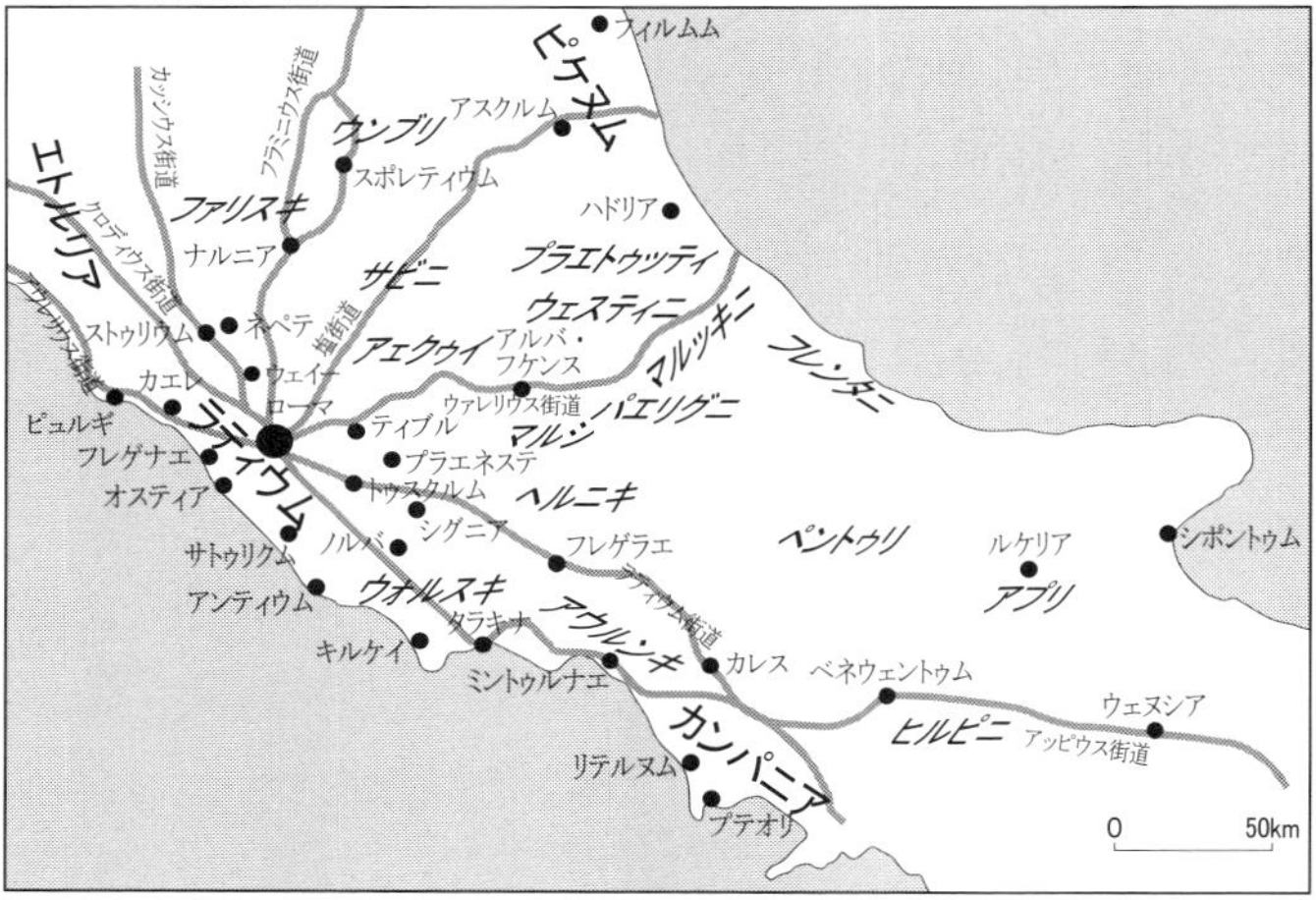

地方名はボールド体で、部族名はイタリック体で、そして部族名は複数形で記し、街道名を補った［訳注］。

ウェイーとの戦争

前四世紀の初めにローマとエトルリア人の都市、ウェイーとが敵対した三回の戦争は、ティベリス川の河口の北に広がる塩田の開発に対しても、またティベリス川右岸の領土の所有に対しても互いに相譲らない主張を原因とした戦争と語られる限り、異なる性質の戦争であった。ドラマの第一幕、前四八五年から前四七四年の戦争は、とりわけ陰鬱な挿話としてローマ人の記憶に［そして彼らの暦に］留められた。すなわち、ファビウス氏の一家を代表する三〇六人の虐殺の挿話である。ファビウス氏は、その庇護民（四〇〇〇人から五〇〇〇人と見積もられる）とともに、彼らのみで、そしてみずからの費用で彼らに関係する戦争を引き受ける、と主張した。なぜなら、農村トリブスの一つ、ファビア［ティベリス川右岸に位置した〕は、敵の都市ウェイーの領土と境を接していたからである。三〇六名のファビウス氏の武勲譚《ぶくんたん》は本当かどうか〔その氏の唯一人の息子はローマに留まって、家の名を奇跡的に救うことができた、というのだが〕、はたまたこの挿話が示したに違いない社会的および政治的な意義〔われわれは後でまたそこに返るであろう〕は正しいかどうか、今ここでは論じないが、ともかく第一幕の戦争は前四七四年に四〇年の休戦条約で終わった。しかしフィデナエ(1)をめぐって前四三七年に敵対行為は再開した。この戦争は前四二六年まで続くが、その年はローマがフィデナエの統制を確保し、ウェイーに二〇年の休戦を同意させた年だった。この敵対〔それは十年間（前四〇六年から前三九六年）続いた戦争であった〕の最後の挿話は、あの有名な独宰官、マルクス・フリウス・カミルス（フランス語でカミーユ）の指揮権の下、ウェイーの攻囲と占領で終わったが、彼こそローマ人のさまざまな美点を余すところなく具現した象徴的な人物だった。

（1）同じくティベリス川右岸に位置し、その北にはトリブス、クルストゥミナが創設された事実から、ローマ領に含まれる正真正銘の飛び地〔訳注〕。

ガリア人との戦争

北イタリアはすでに前五世紀を通じてライン川のほとりからやって来たケルト人を受け入れていた。もう少し正確に言うと、さらに南に進んで前三九〇年に、まずエトルリア人の都市キウシと衝突し、次いでティベリス川に沿って南下し、その支流の一つ、アリア川のほとりでローマ・ラテン人の連合軍と遭遇したのは「ガリア人」と総称された集団のひとつ、セノネス人であった。明らかに軍勢の数に不均衡があったのは重要であったが（ガリア人は二倍も数が多かった）、しかしとりわけ重要だったのは、ガリア人の首領ブレンヌスが敵将、クィントゥス・スルピキウスの作戦の裏をまんまとかいてローマ軍を敗走させたことだった。ガリア軍は何の抵抗も受けずに一気にローマまで進み、市を占領し、(1)カピトリウム丘を攻囲した。ティトゥス・リウィウスとプルタルコスが報告する伝承によれば、ガリア軍がカピトリウム丘に夜襲《やしゅう》をかけた際、城塞は鵞鳥の鳴き声によって守られ、占領されずにすんだということだった。しかし実際はと言えば、市の全域がガリア軍の手に落ちたので、ローマ人は市を金で買い戻さなければならなかった、と考えられる。(2)

（1）ルキウス・アルビニウスなる者が奉持した聖物とウェスタの処女たちを避難所のカエレまで無事に連れて行くことに成功した、と言われている。

（2）黄金一〇〇〇リブラの量の挿話〔あまねく知れ渡った〕が残っている。それはブレンヌスが「負けた者に禍（わざわい）あれ」と言い放って自分の剣を秤（はかり）に投げ入れたと言われる〔つまり自分のほうの目方を重くした〕。

この出来事は国の内外にかなり大きな反響を呼んだ。なぜなら外では、アリストテレスさえもがそれに触れているし、それに対し内では、ローマ人自身が永遠の都《みやこ》ローマという性格に安住するために、いわゆるカピトリウム丘でのこの抵抗のストーリーを作り上げた、というからである。しかもとりわけその時以来、このガリア人の災厄は、ローマ人に、はたまたラテン人一般に、かくも恐ろしい敵どもに向かって改めて敢然と立ち向かわねばならないと思わせたとき、彼らの心を恐ろしさでいっぱいにしたほどだった。つまりその後もガリア人の恐怖《メトゥス・ガリクス》は彼らにいつも並外れた規模の動員を組織的に行なわせたのであった。その上にローマ人の言うところでは、ローマの都市化の様相さえもがなんでもかんでも「ガリア人の破局《カタストロフ》」と関係したのであった。ティトゥス・リウィウスはその証人になる。彼はガリア人がローマを出て行ったのち、余りにも大急ぎでローマを再建することが決められたので、それがローマの都市化プランの開発を妨げたと説明してローマの組織化の目立った不統一を正当化しようとしている。

「……ローマにおいて人びとはだんだんと市の再建に着手した。瓦は国家から供給された。石材と骨組みの木材に関しては、人びとは好きな場所から〔その年のうちに建築を終えることを保証して〕手に入れる許可を得た。このように大急ぎで都市の再建が行なわれたため、街路をまっすぐにするとか、自分の土地を他人の土地とはっきり区別する心配り《こころくば》をする余裕などなかった。人びとは空地があるところではどこでも建物を建てた。その際、古い下水渠は原初に公道の下に建設されたが、こんにち見られるものはあちこちで個人の家の下を通っているのはそのためであった。そしてそれはまたこの市《まち》を規則正しい区割りの市ではなくむしろ他人の所有地をいつの間にか占拠してしまう、そういう市の外観を呈する理由であった。」（リウィウス、第五巻五五章、二〜四節）

ガリア人の侵入に相当する破壊のいかなる痕跡も考古学発掘からは見い出されていないかぎり、ティトゥス・リウィウスが語る右の説明は、疑おうとすればいくらでも疑えるし、また反対に、ローマ市のさまざまな姿形《すがたかたち》は、中期共和政の時代になって大いに強化されたと考えられる。

ラテン連盟の解体に向けて

けれどもこの災厄は思いのほか重大な結果を残さなかった。すなわち、ローマは被ったいろいろの損害をさほど重くは感じなかった。[1] その上、ローマ市が受けた破壊は限定的だったと思われる。この事件は、ローマのウェイー占領という事実からローマ領がかなり大きく拡大された時点で起こったもので、ウェイーから得た領土はトリブスを新たに組織するために――前三八七年に四つの農村トリブスが創設された――割かれたのであった。そしてまたガリア人のローマ占領とラテン連盟の解体とを分かつ半世紀は、いつも決まって成功で飾られた軍事活動の期間と特徴づけられた。まずウォルスキ人に対する、そして次にアエクィ人に対する、それからローマ北方への軍事活動があった。アエクィ人に対する軍事活動では、前三八八年と三八七年の勝利は、この地域に恒久平和を承服させるだけで充分であったが、平和が保たれるかどうか、サトゥリクムとセティアの二植民市に監視させたに違いない。他方でこの地域には二つの農村トリブスが新設された。ローマの北方では、タルクィニーの占領と、ストゥリウムとネペトの戦略的な植民市の建設があった。すなわち、二つの植民市は「エトルリアに面し、エトルリアに対する障壁となり、したがってエトルリアへの門であった。」(リウィウス、第六巻九章、四節)

(1) 前三九三～二年の戸口・財産調査(ケンスス)は、ウェイーに対する戦争もローマ市のダイナミックな成長に大きな打撃を与えるほどのものでなかったことを示しているし、またアリア川の戦で起こったことを見ても、ローマ軍の大部分は戦場から逃れたのであった。

同時にローマはその地平線を恐らく同盟国カエレの仲介によって拡大させただろう。最近そこから発見されたいくつかの記録は、カエレをカルタゴと同盟させた緊密な関係を立証した。ローマとこのフェニキア人の都市とのあいだで結ばれた条約は、新たな利害関係を立証している。なるほど最初の条約は、すでに前五〇九年に「誓約」されていたが、しかしローマとカルタゴの双方にはそれぞれの勢力範囲を不測の侵略から守るという問題があった限り、その条約は同じ範囲を射程内に入れていたわけではない。そしてそれゆえにその条約はカルタゴがエトルリア人のいくつか「他の」都市と結んでいた条約に似た性質をもっていた。そのかわり前三四八年の条約で喫緊の問題となったのは不正取引〔あらゆる形で行なわれた〕の状況であった。以下はギリシア人歴史家ポリュビオスが書き写す本文である（ポリュビオス『歴史』第三巻二四章。以下、ポリュビオスとのみ記す）。

「一方で、ローマ人と彼らの同盟者は、他方で、カルタゴ国民、チュロス国民、そしてウティカ国民は次のような条件で良き友好関係を維持するだろう。

ローマ人は海賊行為にふけること、美しい岬とマスティアとタルセイオンの線の彼方において通商し、都市を建設することを控えるだろう。

もしカルタゴ人がローマの臣下でないラテン人の都市をたまたま占領するとき、動産と人間は彼らの所有となるだろうが、しかしカルタゴ人はその都市からは退去しなければならないだろう。

もしカルタゴ人が平和条約によってローマ人と結ばれてはいたが、しかし彼らに臣従していなかった国家に所属する住民を囚人にするとき、カルタゴ人は彼らの捕虜をローマのどの港にも連れて来ることは出来ないだろう。これらの港の一つに連れて来られて、そして誰かローマ人が受け取っていたすべての捕虜は、自由にされなれけれければならないだろう。ローマ人としては、同一の規則に従わされるだろう。

誰かローマ人がカルタゴの権威の下に従わされた国において水と食糧の必需品を調達したとき、彼は斯様《かよう》な便宜を引き出す際にカルタゴ人の友人ないし同盟者に害を加えるようなことがあってはならないだろう。カルタゴ人はまた斯様な規則に従わされることになるだろう。前述の規則が破られる場合、被害者の側は自身で仕返しをしてはならない。斯様な違反を裁くのはいつも国家の所管でなければならないからである。

ローマ人はいずれにしてもサルデーニャ島においても、またアフリカにおいても商売をしたり、都市を建設することは出来ないだろう。彼らに許されたことはただそこにおいて食糧を仕入れ、そして彼らの船舶を修繕することだけであろう。嵐によって海岸に打ち上げられた人たちは五日以内に海に再び乗り出さなければならないだろう。

カルタゴ人のシチリア島において、そしてカルタゴ自身において、ローマ人は〔カルタゴ〕市民と同じ条件で商売やその他の活動に身を委ねることが出来るだろう。カルタゴ人はローマにおいて同じ権利を享受するだろう。」（ルーセル訳、プレヤード双書）

以上の本文の読みがおそらく提起しているいくつかの難問はあるだろうが、さりとてここで論じるのは問題外である。ともかく右の本文は前四世紀中葉の時点で（前三四八年）、ローマ人とラテン人の商人は地中海のいたるところに活動の場を広げていて、それがまたこの時代の最大の海上勢力、カルタゴ人にさまざまな心配事の種を蒔くこともあり得ただろう。もっとも果たしてこの時代のローマ人にサルデーニャ島とコルシカ島へ植民者を送り出すことが可能であったか（実際にいくつか現存する史料はそのことを仄めかしているが）疑おうとすればいくらでも疑えるのである。

差し当たりローマ人の目は依然として（彼らは運が良かったのであるが）イタリアに、なかでもとりわけ肥沃なカンパニア平原に釘付けになっていた。すなわち、カプア人がカンパニア人——一般的にそう呼ばれていたが、とくにサムニウム人の連盟（ヒルピニ人、カウディニ人、カッリキニ人、ペントリ人などから構成された）——によって攻囲《こうい》されるや、ローマは前三四三年に戦争を開始し（サムニウム人はかつて同盟者であったけれども）、勝利を収めるということがあった。しかし早くも前三四一年には状況が逆転し、カンパニア人はラテン人（もはやローマの臣下であることに耐えられないと断固決意を固めた）と同盟し、ラテン戦争は四年つづき（前三四一年から前三三八年）、ついにローマはティベリス河口の北の地域とナポリ湾までのあいだに含まれるすべての低地を確保する主人となってこの戦争は終結した。その時、ローマの国有地、すなわちローマの土地《アゲル・ロマヌス》は（前五〇九年の八二二平方キロメートルに対し）五二八九平方キロメートルを数えた。ローマがさまざまな国民および諸都市に対して定めた地位をいちいち詳細に説明すると、非常に長いものになるであろう。簡単に述べると、これ以後すべての地域は、とりわけ対外政策に関して、そして結果として、兵士の調達ならびに維持に関して直接ローマに従属することになり、ローマ市はもうひと回り大きくなったのであった。

VII 軍隊

ローマ人がこのような優位を確実にすることができた要因は、明らかにローマ市の人口動態の持続力とローマ市の安全のために兵を動員するその能力にあったが、しかしまた、新しい戦術を開発するローマ人の資質にあったのはもちろんである。

ローマ共和政の初期に関して、その軍隊の歴史を研究することは、これでなかなか困難であるのは信頼できる文書記録を欠いているからである。[1] けれども周知のように、すでに前の時代から、原初の徴兵《ディレクトウス》――原始的な三つのトリブス（おそらく人種に起源を持ち、各トリブスは一〇のクリアに再分割されていた）に基づいた――に取って代わられたのは、市民を組織的に掌握するのに都合がよいようにと思い描かれた財産調査用の階級分け（二四頁の表参照）に基づく、当時はやったやり方であった。事実、共和政の初めのころ、成人男子は二つのタイプの部隊に分けられていた。その一つはクラシスを構成した人たち。すなわち、（防備用と攻撃用の）重装備の武具を購入できるほどに富裕な人びとであったが、それゆえに彼らは重装歩兵《ファランクス》の戦列において従軍するよう要求された人びとであった（彼らはその後、兵員会《コミティア・ケントゥリアタ》の組織では最初の三つの階級《クラシス》に相当した）。もう一つは、重装備をするほどの豊かな資力をもたなかったため、階級外《インフラ・クラッセム》と考えられた人たちであった。つまりこの人たちは、無産者《プロレタリー》ではなく、後世の百人隊《ケントゥリア》組織では本隊とは別に一つの百人隊にまとめられることになり、原則として従軍するよう要請はなされず、軽装備（すなわち護身のための武器のみを身につけた）だけの、そして補助兵として従軍した市民たちであった。各階級《クラシス》は一つの単位が一〇〇人の兵から成る六〇の単位（すなわち六〇の百人隊）で構成され、そしてこの六〇という数は、この軍団《レギオ》なる語がローマ軍〔フランス語のレジョン〕を構成する必須の分遣隊であることを象徴する〔それはローマ帝国の終わりまでそうであった〕ために、単に動員を意味するのをやめてしまった時まで、軍団を構成した百人隊の数として変わらなかったに違いない。「共和政的に」なったローマは、その時に二名の最高政務官によって統治されたが、六〇〇〇人の兵を擁した軍隊は、二つの軍団《レギオ》に分割され、各軍団はつねに六〇の百人隊を抱えることになるが、しかし人口動態の理由から、実兵員数を二倍にすることは出来なかったので、百人隊の内容を薄めた結果、ある隊はもう六〇名を数えることのない隊がいくつか現われ、また別の隊に至っては三〇名となるなど、軍団で総計三〇〇〇人になればそれでよしとしたのであった。(2)

（1）文書記録の本文のほとんどすべてに時代錯誤の罪があり、また人物像の描写を前にしてはたして芸術家はずっと古い〔その上さらに余所（よそ）の国の〕模範型（モデル）を再現したのではないかとか、それとも芸術家は同時代の現実を明らかにしていないのではないか、などといつも怪しまれてきた。

（2）兵員会は民会の組織であると同時に軍隊組織を表わすと考えられるが、第一階級（クラシス）から第五階級（クラシス）の百人隊は総計で一七〇（年少組と年長組合わせて）になるが、この数字は〔右に述べられているように〕実際のローマ軍の百人隊の数と一致するものではない〔訳注〕。

この新しい軍隊組織は、重装歩兵の武装ならびに密集隊形の採用に対応したものだったが、そもそも密集隊形のモデルはエトルリア人を介してギリシア人から提供されたのであった。つまりエトルリア人はすでにこのような武装と戦術配置とを採用していたのだが、密集隊についてポリュビオスが描く叙述が残っている（ポリュビオス、第一八巻、二九〜三〇章）。

「密集隊に固有の隊形が維持される限り――全力でもってぶつかり合うなら――正面に面と向かって密集隊に抵抗できる軍隊は一つもなく、密集隊はいかなる圧力にもたじろぐことはなかった。それには多くの理由で説明される一つの事実がある。密集隊が密な隊形をもって戦闘準備を整えたとき、各兵は自分の武器の長さだけ、三歩の隙間を空けて位置をとる。長槍は――当然予想されたことだったが――初めの長さ一六クーデから、実際の必要に合わせて一四クーデと短くされていた。〔一クーデは約五〇センチメートル〕。一四クーデからは、長槍を持つ兵の二本の腕のあいだにある柄の部分と、そして彼の前を進む長槍に彼の背後で釣り合いをとるための部分に相当する、都合四クーデを差し引かなければならない。それ故、重装歩兵が敵に向かって進むとき、各重装歩兵の前に一〇クーデの間隔を空けなければならないのは明らかである。その結果は、第二、第三、第四の戦列の長槍は、第一戦列のずっと向こうに進むということ、そして第五戦列の長槍はふたたび第一戦列を二クーデ追い越すことになるのであるが、それはあくまでも密集隊の幅の広さでも厚さでも本来のものである密な隊形を崩さないでいるときのことである。ホメロスは密集隊の配置に基づいて次のように描いている。

『盾が盾にぶつかり、兜が兜にぶつかる、そういう戦士』：戦士について

『兜についた飾りの光り輝く兵士は身を屈《かが》めると、たがいに触れ合うくらいに兵と兵は密である』：他の兵士に対して

この描写は本物でもあり、見事でもある。それゆえに、第一戦列の各《おのおの》の兵士の向こうには五本の長槍が立っていて、その穂先は二つの戦列の別の穂先と互い違いに二クーデずつ間隔を空けて位置しているのは明らかである。

このことから、一つの密集隊全体〔縦に一六列の戦列を作って配置されていた〕は攻撃に取りかかるとき、何が身に迫り来るか、容易に想像され、そしてそのような軍隊にかかる衝撃の強さのすべてが計られる。第五列より向こうに一列に並んだ兵士たちは、敵に打撃を与えようにも、各自の長槍を使うことはできない。何故なら、各自の長槍を水平に構える代わりに長槍の先端を空に向けるが、しかし、自分の前にいる兵士の肩の方向に傾けるのは、全軍の上に飛んでくる投げ槍から身を守るためであった。というのは、隣同士の兵と兵のすべての槍の柄は、まっすぐに立てられたままであるのは、前のほうの戦列の上を飛んで来て、自分たちの後ろに密集している兵の上に落ちてくるかもしれない矢弾を遮るのである。他方で、後ろに密集している兵は——単に彼らの体の重みだけで——

前を行く戦列に対して圧力をかけると、その押す力たるや、衝撃を生んで力が増し、先頭の兵がくるりと後を向くことなど、絶対に出来なくするほどであった。」（ルーセル訳、プレヤード双書）

この文脈で騎兵隊の戦術上の役割がはっきりとしているとはとても言いがたいし、また騎兵隊には二次的な役割しか——敵に投げ槍を投げて敵を悩ませる役割しかなかった軽装兵と同じく——なかったといっても、それは確かにやむを得なかった。ある意味で双子神、カストルとポルクスはすぐれて優秀な騎兵であったが、その神殿は〔レギルス湖の勝利の直後に〕フォルムに建設され、この騎兵に関する仮説を確認するものである。つまり当時、騎兵は地上に下りて、第一戦列に位置して戦い、戦場の危険な情況を救うものであった。いずれにしても、原初の時代、騎兵隊は三〇の十人組《デクリア》から構成され、三つの百人隊《ケントウリア》にまとめられていた（総計で三〇〇騎）。それからまず初め百人隊の数は二倍にされ、次に一二の新しい百人隊で増強され、合計で一八の騎士の百人隊になった。ローマ市民を騎士の百人隊に登録するのに必要な資格は唯ひとつ、戸口《ケンスス》・財産調査上の資格であった。つまり騎兵隊に所属するために出生上の基準は何も無く、したがって騎兵隊は貴族層に留保された軍隊ではなかったことを意味した。

解釈が難しいのはいくつかのエピソードが重装歩兵隊の戦いとは相容れないと思われる点に原因がありそうで、とりわけ目立つのは、前四七七年の年代をもつ三〇六人のファビウス氏の戦いである。レギルス湖の戦い（前四九九年ないし四九六年）が二つの密集歩兵隊の衝突の戦いであったとして有名である一方で、その戦いはつまり古風な戦いのやり方であったということになるからである。しかしポリュビオスがローマ人は長いあいだこのようなやり方で戦ったと立証している事実を考えると、三〇六人のファビウス氏の行為に疑念を投げかけるほうがよさそうで、またその行為すべてにおいて重要であるのは何か、すなわち重装歩兵の戦術の採用は〔ギリシア世界でしばしば確認されているのとは違って〕「社会革命」と一致しないことをはっきりと示す方が良さそうである。というのは、〔ローマ社会では〕そのような戦術の採用は、はやくも王政時代に、戸口・財産調査《ケンスス》上の基準を導入した改革の文脈で行なわれたにちがいないからである。そして実際、ローマの重装歩兵は、まだ青銅が非常に高価であったに違いない時に、重装備の費用を支払うことができた裕福な人びとであり、彼らは所有する富に応じて進んで装備を整える、つまり第一の戦列を占める最富裕層《プリンキペス》の人たちであった。このような社会の進展が避けられなくなった時というのは〔正確には〕その最も恐るべき敵、サムニウム人とローマが直接対峙しなければならない、そしてそのために戦術上の改革が当然必要になってきた前四世紀の半ば以降のことであった。

　すでに共和政の開始期と前四世紀の終わりとのあいだで事態は確実に変化していた。それを物語るものと言えば、前四一四年に、執政官の職務を果たす執政武官《トリブヌス・ミリトウム》、マルクス・ポストゥミウス・レギレンシスの軍隊で起こった暴動が挙げられる。彼は兵士によって石で打ち殺されたが、その理由はというと……。彼が占領した都市ボレス〔またはボラエ〕――アエクィ人の国にあった――からの戦利品は彼が兵士と交わした約束を満足させるのに程遠いものだったこと、さらに部下の兵達の一段と募る不平不満を前にして、兵達の脅迫や侮蔑に対しては残虐行為で仕返しをしたからであった。その上にまた、古代の史料はこのような諸事件を、数年後のウェイー攻囲中に起こったスティペンディウム〔普通「給料」と訳される）の制度に結びつけているが、その財源の調達は一種の租税、公税《トリブトゥム》によって賄《まかな》われたに違いない。実際にありそうなことと言えば、ローマ国家はさまざまな作戦に際し、最小の割合の出費しか責任を持とうとしないか、もしくは、兵士が必要とする装備を手に入れるのに最小の手助けしかしようとしなかったのである。手助けを難しくした原因としては〔われわれが知る限り〕前三世紀の終わり以前に、鋳貨を規則的に手に入れる方法はなかったことが挙げられる。その結果、もし史料が私たちに提案する年代を受け入れなければならないとすると、給料《スティペンディウム》は純然たる給料ではあり得ず、そうではなくて、少なくともその始まりにおいて、何らかの金属〔それには象徴的な特徴のある記号が刻まれていたに違いない〕の配給の格好をしたものであった。このような給料、つまり各種の手当てからは、衣類とか糧食とか、予備の装備の価格が差し引かれただけでなく、それら手当は兵のあいだの階級差〔最も富裕であった騎兵は、歩兵に与えられた額の三倍を受け取った〕を堅く守ったという事実が確認される傾向にある。いずれにしても、これら兵隊を巡る困った事柄は——いろいろとあったが——まだ始まったばかりだったと認められる。なぜならサムニウム人に対する最初の戦争の時、つまり前三四二年だが、一部のローマ兵は〔勝利した後〕カプアに守備隊として定住させられ、同市の男の住民全部を彼らの財産と彼らの夫人たちを奪う目的で虐殺しようと計画したのであった。このような軍隊の不穏な動きは巧妙に仕組まれた反乱だった。というのは、ローマ兵の土地と比べてカンパニア人の土地の豊かさを目の当《ま》たりにしたとき、彼らのあいだにわき起こった不平等感をこの反乱は証言しており、ローマの軍隊制度が辿ったその後のさまざまな発展を理解する助けとなるからである。

Ⅷ　ローマの国内政治

ローマがこの一世紀半のあいだに戦った戦争はすべてローマ市がその諸制度をしかるべく整え、そしてその社会的・政治的な多くの機構を引き続き組織的なものに作り上げようとしていた時に起こった。しかも何よりもまず平民の諸制度は、この時代になってとくに護民官《トリブヌス・プレビス》の数が一〇名に増加したことによって、かなりの程度まで強化されたのは確かと思われる（この数は共和政の終わりまで変わることはなかった）。しかしとりわけ新しい民会、トリブス民会——その一部は平民会《コンキリア・プレビス》と混じり合ったに違いない——が整備されたのは、おそらく前五世紀のあいだのことであった。トリブス民会は、今や戸口《ケンスス》・財産調査に基づく階級《クラシス》ごとに集会したのではなく、ローマ国民（平民のみでなく）をトリブスごとに分かれて集会させたのだが、民会の招集法とその機能の仕方は、ケントゥリア民会のやり方よりもっと単純であった。それゆえトリブス民会は、立法に属す事柄に関してはケントゥリア民会と張り合うことになった。

しかし前五世紀の重要な成果はなんといっても『十二表法』であった。すなわち、「すべての法、公法と私法の源泉」（リウィウス、第三巻三四章、六節）であったこの法は、青銅の板に彫られてフォルムに展示され、若きキケロが彼の時代のすべての子供と同じく法文をそらんじた法であった。『十二表法』制定の仕事の主たる目的は、ずっと以前より慣習法の領域であったり、それゆえ同時にすでに時効になっていた法、また神官や政務官だけに知られていた各種の法的手続きなどを文字に書いてはっきりと知らしめることであった。その意味で『十二表法』は、すべての市民のあいだに法の前の平等を確立したのであるが、同時に、法の世俗化をもたらした。この仕事のために一〇人の委員（正式名称は法律制定十人委員《デケムヴィリ・レギブス・スクリブンディス》）が任命され、彼らは前四五〇年になって、すべての政務官に取って代わったほどであった。歴史には次のように書かれている。この十人委員会の仕事は一年間では終わらず、委員たちはとりわけ絶対的な権力に留《とど》まるよう強く要求し、彼らが支配を行なった恐怖政治は（このときのウェルギニアの死は十人委員会の支配の典型例として起こった）、平民層の二回目の分離独立《セケッシオ》の原因になり、その結果、共和政の諸制度の再建と執政官職および護民官職の復活が実現した。

前四五〇年度の執政官に選ばれた二人、ウァレリウス・ポプリコラとホラティウス・バルバトゥスは、憲法の性格をもつ次のような諸法、すなわち、平民層のみによって採択された決定でも全国民《ポプルス》に適用できる可能性を予測するような諸法を通過させた。まず第一は、上訴権《プロヴォカティオ》に従わなくてもよしとするどんな政務官職の創設もそれを提案してはならない――もし違反したら聖別《サクラティオ》の罪となる――とする厳しい禁止条項、次に、護民官の身体不可侵性を平民造営官にも拡大して強化する法、最後に、平民層に関する元老院の決定（元老院議決《セナトゥス・コンスルタ》）を記録保存《アーカイビング》する諸条件を定めた法であった。

けれどもローマ市の存在する難しさ〔それはひしひし感じられていた〕は長くつづいた。それを証言するのがローマはもはや執政官ではなく別の政務官職の同僚官団をもったという事実である。すなわち、前四三八年から、この同僚官団は――長い短いの間隔に違いはあれ――ほぼ規則的に前三六七年まで続いた。それは初め三人、次に四人、前四〇五年からは六人で構成され、「執政官の権限をもつトリブヌス・ミリトゥム」と呼ばれる国家の最高の責任を滞りなく果たしたので、制度上の革新であった。何故かと問われれば、その理由は明らかではないが、人数が増えたこと以外に考えられることは、第一に、ローマ市は一度に複数の軍事作戦に直面せざるを得なくなって、その強い要請にいっそう効果的に応えるべく、多数の軍司令権を確保するためだった、という点である。しかしそれだけではなく、第二に、おそらく権力の行使にあたって平民にしかるべき役割を与えることは執政官職の範囲内ではできない、とパトリキ貴族は考えたのであろう。いずれにしても、確実と思われるのは、前四世紀の初めの数十年のあいだ、「執政官の権限をもつトリブヌス・ミリトゥム〔兵士のトリブヌスの意〕」の職は、政治的には失敗で、ローマ人はこの代替の職は無政府に等しいと苦々しく思ったのは確実と思われる。それゆえに、ローマ人は前三六七年という年は重要な年ではないか、すなわち、執政官の権限をもつ二人のトリブヌス・ミリトゥム、ガイウス・リキニウス・ストローとルキウス・セクスティウス・ラテラヌスがついに老カミルスの調停を得て、諸立法の全体を通過させて、国民の意見が再び一致することになった年ではないか、と気づいたのだった。この法律（リキニウス・セクスティウス法と呼ばれる）について重要と考えられるのは、とりわけ執政官職へ規則正しく復帰したこと、そして執政官職が最終的に平民に開放されたことである。しかしそれだけに止《とど》まらず、おそらく富裕な土地所有者たちが独り占めする傾向にあった公有地《アゲル・プブリクス》の占有を制限したり、高利を制限するための措置が設けられたことだっただろう。この他にも、新しい政務官職の創設を付け加えなければならない。その一つ、法務官の職には命令権《インペリウム》が授けられ、その職は命令権の保持者としてさらに個別に裁判の任務も授けられた。もう一つがすでにあった平民造営官と対《つい》をなす高等造営官《アエディリス・クルリス》である（それゆえ原則としてパトリキ貴族がその職に就いた）。神聖な仕事を執り行なう《サクリス・ファキウンディス》神官の同僚団は一〇人（五人のパトリキ貴族と五人の平民）とされた。以上の措置は、国家統合を実現させた限りにおいて、重要な結果をもたらした。すなわち、大部分の政務官職は原則としてパトリキ貴族に留保されていたのが、はやくも監察官《ケンソル》を含めてほぼすべての政務官職に平民たちが到達できるようにしたのだった。監察官は、前四四三年に創設され、その職務の保有者はとりわけ重要な職務、戸口・財産調査《ケンスス》および市民をいくつかのカテゴリー（百人隊《クラッシス》や区《トリブス》）に分ける職務を帯び、前三五九年には平民にもその職に就任する途《みち》が開けるのであった。それどころかさらに前三四二年の一つの法は執政官の二つのポストの一つを厳格に平民層の手に留保し、前三三九年の法は監察官の職についても同様とした。そして逆の意味で言うと、平民の体制のうち、護民官と造営官の職は〔ある種の同化が起こり〕最高の政務官職に上り詰めることに熱意を燃やす若き貴族にも開放されて、その経歴の手始めの政務官職になるのであった。

結局のところ、ローマがラテン連盟の命《いのち》を終わらせたころになると、ローマ固有の体制はよくバランスがとれたものとなっていたのである。とりわけそれに貢献したのが前三四二年に通過した政務官職《クルスス・ホノルム》の歴程を明確に整える法律で、その法は同一人が同じ年に二つの政務官職を執行することはもとより、一〇年以内に同一の政務官職に二度就くことをすべての人に禁じたのだった。以上のことは理論的に不可能とされた結果（ただし重大な軍事的危機の時には強制されなかったが）、個人の野心を制限し、政務官職全体に対する統制力を元老院に与えることになった。

第二章　活力のある時代

I　ローマ市

現存する古代の史料は、「ガリア人の破局」がローマの町の造りそのものに与えた損害の大きさを充分に述べていないのであるが、しかしローマ人はこの「破局」が彼らを見舞った悲運に違いない、とはっきり意識した。そのことは城壁の改修という一大事業が示す通りである。それまでのローマ市の城壁は無力であったことが明らかだった。改修の事業はシュラクサイ出身のギリシア人建築家が多数協力して前三七八年に始まった。総延長は一一キロメートルにもなり、そのような大事業を終えるのに、ほぼ四半世紀を要した。城壁は〔大まかに見積もって〕平均して高さ一〇メートル、厚さ四メートルの防御装置となったのである。

この壁の痕跡《こんせき》は、普通セルウィウス・トゥリウスの壁と呼ばれたものの痕跡《こんせき》と同じであった。すなわち、この王の建設にまで遡《さかのぼ》る、先行する壁があったに違いないと考えられている。いずれにしても、この壁は四二七ヘクタールの都市域を内に含み、その中に四万から五万人の住民を収容したが、ローマをずっと古くよりイタリア半島で最大の広さの都市にするに充分過ぎるほどの大きさであった。同時代のエトルリアやカンパニアや大ギリシア《マグナ・グラエキア》の最も重要な都市壁でさえ、総延長は五、六キロメートルほど、表面積は二〇〇から三〇〇ヘクタールほどであった。さて、この城壁の図面は、都市に住むのに実際に必要な土地の広さより、土地の性質と防御という至上命令との関連で選ばれた、と認めないわけには行かないが〔都市の内部にはまだ未占有の広大な地域があったことを意味する〕、同時に、ローマ固有の都市域は、とりわけ北方の軍神マルスの野《カンプス・マルティウス》によって市壁を大きくはみ出していた、と確認しなければならない。軍神マルスの野にはさまざまな建物〔その地域特有の機能をもったに違いない〕が早くも建ち始めていたのである。マルスの野は、彼岸の神々と結びつけられた場所だったから、伝統的に王の墓所であり、そしてまた軍事活動に備える肉体訓練や競馬の場所〔ティベリス川沿い、北西の外れ、通称トリガリウム〕であり、戦艦が接岸する場所〔もっと南にあった〕であり、政治と市政の両面で重要な任務を引き受けた場所でもあった。すなわち、ケントゥリア民会の集会は――この民会は軍事的な性格を有したが故に――ここマルスの野のオウィレ〔「羊の公園」の意〕と呼ばれる開《ひら》けた土地で行なわれた。そしてまた、市民の戸口・財産調査《ケンスス》の一連の作業〔前四四三年から監察官の手に委ねられた〕は、この羊の公園《オウィレ》の近くの公会堂《ヴィラ・プブリカ》〔前四三五年に設立〕において行なわれ、さらにその南にはすべての水の神々に献げられた聖域の座が据えられた。それはとくに海上勢力として進出著しいローマを証言するものであった。

　ローマ市の内部自体は整然とした構造をもつ都市化をそれほどはっきり示したわけではないが、いずれにしても、ローマ市はその息子たちの勝利に沸く共同体の社会・政治的な発展を確実に伝えたので

地図２　前５－４世紀建設の神殿と主な地名など

ある。こうしてラテン人に対して勝利したローマ人は、いろいろと気を配ってフォルムにある民会場《コミティウム》の地域を整備した。すなわち、前三三八年、執政官ガイウス・マエニウスは、戦利品としてアンティウム市から拿捕《だほ》してきた敵の艦船の「船嘴《くちばし》」でもって演壇を飾り、この勝利を記念する柱廊を建立した。その上に前三三八年のラテン連盟に対する勝利につづいて、前三世紀のあいだに建設された約二〇の神殿が知られているが、それら神殿は、各地での軍事作戦の際に集められた戦

利品の賜《たまもの》であったが、その中でもとりわけ重要な意味を持ったのは、執政官が戦場において厳かに神がみへ述べた「祈願」、つまり自分たちだけが「正当なる戦争」を行なうのだと心の底から出た良心の誓いに当たるものだった。そしてまたしばしば起こったことであるが、敵の守護神をローマに安置するために招いて、つまりは「背かせる」ことになる宗教的なさまざまな手順――それはいわゆる死者の霊を呼び起こす《エウオカティオ》手順によるものだった――に相当した。そういうわけでとりわけ前三九六年に、宗教的な権利条約がウェイーの守護神、女王《レギナ》ユーノーに提案されたのだった。すなわち、この女神はみずから自国民に恐怖と聖なるものの忘却の感情を吹き込むことによって、それゆえに〔自国民を〕裏切って、ローマにやって来ることを受け入れ、その代わりに聖域とウェイーの国民が与えてくれたさまざまな栄誉よりもっと優れた栄誉を約束されたのだった。結局、この女神はアウェンティヌス丘〔もちろん都市の聖なる境界《ポメリウム》の外〕に安置された。

　しかし、多分この時代の最も重要な出来事は、カピトリウム丘がローマの宗教的な中心という使命を確認されたことだろう。前三八四年、王政を熱望したと告発されたマルクス・マンリウス・カピトリヌスが処刑された後、パトリキ貴族はだれ一人カピトリウムの丘に住居をもつことはできないと決められ、この丘の土地は再び「国有地」と定められた。そしてこの丘にユーノー・モネータのために神殿が建立されるが、この神殿は後にローマの「造幣局」となる。次に、ユピテル・カピトリヌスの神殿の近くに、祭壇と奉納物の全体〔強国ローマを証言するもの〕が置かれる。前二九三年には、サムニウム人に対して勝利を収めた執政官〔ルキウス・パピリウス〕によって〔敵から奪った武器の青銅を溶かして造った〕ユピテルの巨大な像が奉納されるに至った。
この事件で目新しいもの、そしてこの時代の重要性をいかんなく示すもの、と言えば、それはスプリウス・カルウィリウス・マクシムスが手柄を立てた執政官として、同時に自分の手元に残っていた青銅で、自分自身の立像を作らせ、それをユピテル神像の足下に置いたことである。ここにローマ人の公式の肖像画が誕生したわけだが、この時代について最も著名な証人は、「ブルトゥス」と呼ばれる人物像〔現在カピトリウム博物館に保存〕であろう。この慣習は、ローマ市の息子たちの個人的な美徳を称揚する意思を証言するものだが、凱旋《がいせん》を称賛する賛辞が〔氏族の枠組みから一歩も出ていないとはいえ〕この時代に発展したことと軌を一にするものである。その素晴らしい例は、前二九八年の執政官の墓碑銘〔コルネリウス家の墓で見つかった〕によっても知られる。

「ルキウス・コルネリウス・スキピオ・バルバトゥス〔勇敢で賢明な人、グナエウスの息子〕。父と同じく男前で、優れた人物であった。あなたがたの執政官、監察官、造営官であった。サムニウム地方のタウラシアとチサウナを攻略し、ルカニア地方の全域を征服し、人質を連れて帰った。」

最後に、絵画が出現した——これはまたローマ市民の武勲を称賛するもの——ことを立証するのは、またこの時代であった、という点に注目したい。ガイウス・ファビウス〔画家《ピクトル》と呼ばれた〕は、歴史家ファビウス・ピクトルの祖先で、前三〇四年にクィリナリス丘のサルス神殿に絵を描いた人物である。前三世紀の葬儀の絵は、エスクィリヌス丘において発見されたものや、あるいはウールチ〔エルトリアの都市〕のフランソワの墓の絵画のおかげで、このような「歴史的な」芸術の始まりについて大凡《おおよそ》の見当をつけることができるのである。

この類《たぐ》いの作品はすべてが明らかにエトルリア人と同時にギリシア人の影響下に成ったものであったが、それらを良きモデルとばかりに真似たか、ないしは、芸術家たちの良いところを取り入れたかしたものばかりだった。(1) しかし今や、とりわけいくつもの作品から——たとえばフィコロニの婦人用化粧品入れ《キスタ》のような——よく知られているように、これら模造品の品質は、同じころほかの場所で制作されたものに決して引けを取らなかったのである。

(1) すでに述べたスキピオの称賛碑文に至るまでそうだった。そこではかの執政官の男前と立派な風采（ふうさい）、つまり姿形（フォルマ）を賛美しているのであるが、それは明らかにギリシア人のさまざまな価値観の反映であった。

ローマの都市ならびに芸術の発展を思い起こさせるものは、都市化を具体的に描くことに限られないであろう。つまり平行してローマ市の日常生活がきちんと形を整えて行ったことに注目するのは適切と言える。前四世紀の終わりは、牛広場《フォルム・ボアリウム》にあった港の地域の発展に一致するのであるが、青銅器時代このかた（ティベリス河口の塩床で得られた）塩の取引がここ牛広場において行なわれた（河口のオスティアには、前三三八年にローマ市民の植民市が置かれた）。また牛広場には古い時代から、港の神の祭祀、とりわけ商人の守護神ヘルクレス（彼はギリシア人によって輸入されたヘラクレスか、カルタゴ人によって移植されたメルクァルトかも知れないが）の祭祀が執り行なわれ、その祭祀は、巨大な祭壇（最大の祭壇《アラ・マクシマ》と呼ばれ、現在のサンタマリア・イン・コスメディン教会の下にあった）において行なわれた。伝統的にこの秘儀の責任者をもって任じたのは、ポティティウス家ただ一つであったが、その祭祀は前三一二年に監察官アッピウス・クラウディウス・カエクスの発意の下、公共奴隷の団体の手に移されるまで続いたのである。すなわち、それはこの宗教儀式のための共同体が生き残りを懸けて必要不可欠な女神へと適応するのを余儀なくされたことを意味するのである。都市化の観点から見るなら、前三一二年のアッピウス・クラウディウスの監察官職は、その上さらに彼が始めた建設工事でも有名であり、年代記にもはっきりと残されている。すなわち、カプア方面へのアッピウス街道《ヴィア・アッピア》（前二八一年、タレントゥムへ、前二六七年、ブルンディシウムまで延長された）、並びにアッピウス水道の建設である。後者は毎日七万五〇〇〇立方メートルの水をパラティウム丘へと運んだ。しかしとりわけアッピウス・クラウディウスは、これらの工事によって都市ローマの発展を統制し、組織する真の使命を監察官に与える嚆矢《こうし》となったのである。

Ⅱ　行動するローマ共和政

前三一二年度の監察官職は別の理由でも有名であった。アッピウス・クラウディウスの同僚、ガイウス・プラウティウス・ウェノックスは〔たとえ大した人物でなかったとしても〕、クラウディウスが採用した多くの方策に反対し、抗議のため十八か月の任期前に辞職したほどだったが、クラウディウスの個性は類い希だったと言っておかなければならない。すなわち、彼は大農経営者であり、最初のラテン語の散文作家と考えられ（キケロは彼の政治論の一つを引用している）、ラテン語の非常に権威ある目利きであった。というのは、彼はロタシスム、つまり母音に挟まれたｓをｒに変えて発音する文章法を強く求めた（それ以後、たとえば、ヌマシウスはヌメリウスと呼ばれた）。そしてまた彼には判例についての著作があり、彼が自分の著作あるいは論文に彩りを添えた警句や格言の選集が編まれたが、それらのうちで最も有名なものとして「すべて人は誰でも各自の運命を作る人である」というのがある。このヘレニズム文化に馴染《なじ》んだ大貴族は、早くもマグナ・グラエキアへの道を切り開いた人であり、またさまざまな改革案を実地に適用した人でもあったが、不幸にしてもはやその意義は理解されなくなった（そして前三〇四年度の両監察官は、彼の諸改革をいそいそと取り消したほどだった）。彼がトリブス民会の権力を強化し（市民のトリブスへの割り振りをも修正してまで）ケントゥリア民会を不利にしたのは十中八九間違いない。そして元老院を構成する人のリスト作成の際に（その仕事は前三一八年以来、監察官に委ねられたが）、彼は世間の感情を大いに害したのである。すなわち、多くの人を元老院入りさせるため、彼は以前に元老院入りしていた傑出した人物を入れ「忘れた」と告発されたことがとくに理由として挙げられた。さらに彼は解放奴隷の息子たちを元老院議員名簿に記載したと告発された[1]。それに加えてさらに、アッピウス・クラウディウスは、書記《スクリバ》のグナエウス・フラウィウスの出世を一貫して支え続けたことが付け加えられるべきであろう。前三〇四年、フラウィウスが高等造営官になるや、ノビレス貴族のあいだで一大スキャンダルになった。彼はそれまで神官《ポンティフェクス》たちが秘密にしていた法律上のさまざまな手続きを公開したり、司法活動が可能な日を指定する公式の暦を公刊する仕事を進んで引き受けたのであった。そしてすべての仕事の最後を一つの象徴的な行為によって飾るため、彼自身が和合の女神《コンコルディア》の小さな神殿をフォルムの中の、コミティウム地域に建立した。アッピウス・クラウディウスと彼の手下たちのこのような「民主的な」仕事は、それほど矛盾したものではなかったのである。〔前三〇〇年の〕護民官クィントゥス・オグルニウスが提案して平民に神官《ポンティフエクス》団入りができる途《みち》をつけた平民会議決にアッピウス・クラウディウスが反対したその態度からもそう考えられるのである。すなわち、これまでしばしば言われてきたことと反対に、神官はその時まで選挙によって選ばれていなかったから、その時には「民衆的な」措置など争点になっていなかった。そしてとりわけ大事であったのは、宗教の問題だった。この問題についてアッピウス・クラウディウスは、真剣に良心の仮借を感じていたのである。すなわち、神々の祭祀を執り行なうにふさわしくない人びとの手に託すなら、神々を「冒瀆する」愚を敢えて犯すような町を神々は支援する筈がないと〔数多くのパトリキ貴族の友人たち同様に〕彼も心配したわけである。

（1）この主題、つまり解放奴隷の重要性なぞは——それと並んで奴隷の重要性も——、まだ前四世紀の終わりという時代の、かんかんがくがくの議論がある現存史料の性格から考えて、やや不毛の論争という結果になった。

しかしローマの国制に関連づけて歴史を見ると、この時代を特徴づける法案、つまり前四世紀が前三世紀に変わるころ、平民層が新たにローマ市から離脱を試みた結果、独宰官に任命されたクィントゥス・ホルテンシウスが前二八六年に通過させた一つの法案がこの時代の特徴をよく表わしていた。すなわち、この法案は平民会議決（平民のみの決定）に法的効力を与えるもので、このとき以後、平民会《コンキリア・プレビス》〔パトリキ貴族を排除した平民のみの集会〕は、立法のための集会になり、次に集会としての機能が類似しているという理由で、トリブス民会〔全国民《ポプルス》が区《トリブス》という地理的な単位に割り振られて構成された集会〕と一緒になったのである。そして護民官は、平民会を主宰する使命を帯びることになり、事実上ローマ市全体の政務官に組み込まれ、執政官の行政上の仕事を軽減できたけれども、その方法は今なお不明である。事実、名前が知られた大部分の護民官は、リキニウス・セクスティウス法の結果形成された「ノビレス貴族」〔この貴族層の形成過程は、パトリキ貴族層のそれとよく似ていた〕に属したものの、しかしノビレス貴族は、パトリキ貴族層と違って、一つの世襲身分に「閉鎖化する」ことは決してなかった。それゆえ、ノビレス貴族とは、政治的な経歴を積み上げて行く中で貴族としての任務を一つの段階として考えた若き平民貴族たちであった。

まだ他に残っている問題がある。ローマは前四世紀の開始以来、否《いや》、それ以前から——現存の史料に信を置く限り——社会的な面で広範な危機の舞台であったが、そのような危機は多方面に跳ね返っており、その一つが土地の所有権〔とりわけ公有地《アゲル・プブリクス》の占有権〕であった。それとは別に小規模な土地経営者の債務者への転落の問題があった。すでに古代の歴史家たちのあいだにしばしば見られたこれら危機の諸問題についてのさまざまな論議は、ローマ市が前二世紀以来経験した社会の諸問題をずっと古い時代へ〔時代錯誤的に〕投影したものがほとんどであった。言うまでもなく小規模な土地所有者は、軍団兵徴集の極めて重要な基礎をなしており、彼らは非常に貧弱な農地を拠り所に生計を立てていた。しかし一方で植民者たちには生活の基盤を置くための中くらいの広さの土地が果たして与えられたかどうか、分からないのである。たとえばウェイーの占領後の場合で言うと、七ユゲラ〔一・七五ヘクタール〕の配分地が割り当てられた。〔配分地は何故少なかったか?・〕まずこれらちっぽけな土地を占有するために送り出された家族は〔正確に言うと〕最も貧しかったからであり、その土地はこのような家族が所有地に腰を据えてさらに上の社会階級に這い上がってゆくようにさせるにはとても充分とは言えなかったので、その結果、所有する土地の利用権によって、植民者は共有地に家畜の群れを放牧することができたからであった。同時代の歴史叙述の一部が確認しているように、四人家族が生活できるようにするには一〇ユゲラ以上の土地を所有することが必要だっただろうとか、いずれにしても、一〇ユゲラに遙かに達しないような土地をもらって征服によって新たに得たばかりの領土を占有しに行く志願者が充分に見つかった、などのことはとても信じ難いのである。征服と、そして公有地《アゲル・プブリクス》の増加は〔まず初めに〕最も富裕な人たちを利したに違いない、と言っても決して間違いではないであろう。なぜなら彼らだけが広い面積の土地を経営する力をもったからである。しかし同時に、この時代の軍事組織を否認する中産階級の貧困化の現象を先取りしたり、とりわけこれらの諸問題を平民層とパトリキ貴族層とのあいだの対立に要約しないよう用心しなければならない。すなわち、地位の高い〔つまり富裕な〕平民層は実際にいたのであり、彼らの経済的な潜在力と利害は、パトリキ貴族層のそれらに近かったのであり、またパトリキ貴族層は原則として許された〔たぶん前三六七年に上限が定められたが〕公有地《アゲル・プブリクス》占有の分け前をはるかに凌ぐ量を占有する傾向にあった。同じように、借財の問題〔その問題は最貧層の人たちの所有する割当地が不充分だった結果であると示されたが〕に固執するすべての伝承に信を置くことはできない、と思われる。借財のために奴隷状態《ネクスム》に陥ったのは、古い制度であることは疑いないとしても、ティトゥス・リウィウスを字義通りに解釈したり、貨幣がまだ存在しなかった社会では高い利息であったと主張して借財問題の現象を余りに大げさに言いふらすのは当を得た議論とは言えまい。

Ⅲ　イタリアの征服

第二次サムニウム戦争

ローマはカンパニア人に対して優位を確保したことから、今度はカンパニアにおいてサムニウム人（以前にラテン人と同盟し、彼らと同時に敗北した）との長い闘争に引っ張り込まれたに違いない。両者の関係は悪化していたのである。とりわけローマがその戦略拠点たるラテン植民市を次々と建設する政策を推し進め、サムニウム人を不安に陥れたばかりか、彼らを激怒させたからであった。そもそもラテン連盟は——まだ存在したとして——征服地域に「植民市を建設する」、つまりそこに都市的な共同体を定住させるのを慣習としていた。その方法は、「無から」都市を建設するか、若しくは植民者と古い住民のあいだに都市の財産を再配分するか、どちらかであったが、いずれの場合も、植民者一人ひとりに土地の持ち分が配分された（それは植民者の原初の地位を尊重する意味しかもたない割合でしかなかったが）。これらの植民市は、もちろん戦略的な役割をもったが、しかしまた、余剰が生じた人口を吸収する機能をもったのである。植民者はラテン人の権利をもったように、植民市に定住したローマ人は、市民権の一部を失うことを意味した。ローマはラテン連盟を解体してしまうと、最初のローマ市民の植民市をオスティア、アンティウム、テラキナに建設し、一方で古くからの植民政策も取り続け、カレスとフレゲラエにラテン植民市を建設した。サムニウム人は以前からフレゲラエ周辺の地方を彼らの領土と考えていたから、フレゲラエの建設は彼らに対する敵対行為そのものと受け取ったのであった。

誰彼と言うのは難しいけれども、ともかくある人たちにこの戦争の格好の口実を与えたのは、ナポリをめぐる諸事件だった。すなわち、ナポリの住民の一部〔サムニウム人に好意的〕は、前三二七年、いくつかの都市を彼らの冒険に引き入れてカンパニアにおけるローマの権益に攻撃をくわえるという一定の成果を上げたと思われる。しかしローマが猛烈に抗議したため、同盟を結んだ一部の都市が寝返った。結局ナポリは——親ローマ派が勝利を収めたので——ローマと平等条約《フォエドゥス・アエクウム》を結び、その恩恵に浴したのであった。つまり、双方は全く平等の立場に置かれ（かつてカッシウスの条約《フォエドゥス・カッシアヌム》がそうであったように）、それゆえ勝利者ローマは、それ以後敗北した諸都市を属国の地位に落としたのであった。しかしサムニウム人との敵対行為は止《や》まず、この戦争は前三〇四年まで勝敗が激しく入れ代わる激戦の連続になって、ローマはかつて経験したことのない屈辱的な敗北の一つに遭遇した。前三二一年の執政官、スプリウス・ポストゥミウス・アルビヌスとティトゥス・ウェトゥリウス・カルウィヌスは、カウディウム市近くで待ち伏せに遭った後に降伏し、くびき（屈服のしるし）の下を通るはめになった。このカウディウム分岐点で起こったエピソードの結果は、敗戦と呼ばれたが、そこからローマ人の宗教的な天性を理解しようとする人にとっていろいろと興味のあることが見いだされる。すなわち、ポストゥミウスはローマがカレスとフレゲラエを放棄することを条件にサムニウム人と和平し、それと引き替えに彼の全軍の解放を交渉したわけである。彼はこの和平条件を説明するため一時ローマに帰ったが、彼自身は和平の条件が拒否されるようこれ弁護に努め、激論の末、ついに事実上元老院が決定することとなった。したがって宣戦布告や和平条約の宗教的な手続きについて意見の一致を見る責任を負った神官《フェティアレス》たちは、その長、パテル・パトラトゥスのアウルス・コルネリウス・アルウィナとともに、カウディウム市に赴いたのは、サムニウム人にその捕虜を返還するためであった。ポストゥミウスはサムニウム人の領域に入るとき、彼を「警護する」先導吏《リクトル》に彼の両手を縛っている紐《ひも》はしっかりと締められているか確かめるよう要求し、それからコルネリウス・アルウィナは彼を厳かにサムニウム人の首長ポンティウスに引き渡すと、彼はそれ以後サムニウム人の市民であるポストゥミウスはローマ国民の使節や神官《ポンティフェクス》に今しがた暴力を振るったこと、そしてその行為はローマ人がサムニウム人に対して再開しようとする戦争に法律上の根拠を与えるものである、と大声で叫んでポストゥミウスを突然激しく膝で蹴り上げた。すなわち、ポストゥミウスは言葉《ウエルブム》の効果を最大限有効に使って必ず神々がローマに好意をもつよう仕掛けたわけである。そしてポストゥミウスに与えられた行為に効果があるよう彼の両手を縛っている紐《ひも》はしっかと結ばれていなければならない理由はそこにあった。この際、そのような話はねつ造されたものだったとか、実際にローマは敗北（待ち伏せではなく）した後に、時宜を得た条件（二つの植民市の放棄）でサムニウム人と講和条約を結んだことなど、それらはさして重要ではない。すなわち、ローマ人の了見という点から見ると、ローマの年代記がねつ造したということは何よりも彼らの持って生まれた国民性である形式主義を示すうってつけの例なのである。

もし現存する史料（ティトゥス・リウィウスの記述と凱旋式表《ファスティ・トリウンファレス》）を信じなければならないとするなら、サムニウム人との戦争は実際にほぼすぐに再開されたが、しかし今回は、一連の勝利のどれ一つとってみても、決定的な勝利とは言い難かったように思える。何故なら、サムニウム人がしまいには同意を余儀なくされ、和平を求めて来たのは前三〇四年のサムニウム領への侵略を待たねばならなかったからである。

これが第二次サムニウム戦争であるが、ローマにとって非常に重要な意味をもった戦争であった。すなわち、ローマはこの戦争において、その歴史を通じてそれまでなかったような手痛い敗北の一つを喫したばかりでなく、まずこの戦争はそれに荷担しようとしたかなり多くの他国民とのあいだで懸案の問題に決着をつける好機でもあった。南イタリアでは、アプリア地方とルカニア地方、そしてカンパニア地方〔いくつかの都市がローマに背を向けた地域〕においてローマの支配を再確認するための戦争であった[1]。より近い住民とのあいだで事態は迅速かつ手荒に決着がつけられた。すなわち、（南東では）不誠実を問われたヘルニキ人のいくつかの都市は追い詰められ、その自治権を失い、ついに属国の地位――ローマ人は投票権なきローマ市民権《キウィタス・シネ・スフラギオ》と呼んだ――に統合された。つまりその住民は、ローマ市民となるが、しかし市民権のすべての特権（政治活動への参加、〔ローマ人との〕通婚権など）を奪われ、納税と軍事のすべての義務を果たすよう強制された。ローマの東方、アエクィ人に対してローマが採った方策は、いっそう徹底していた。すなわち（前三〇四年に）、丘の頂上の高みに位置した彼らの城砦は、〔五〇日以内に〕徹底的に破壊され、住民は虐殺された。その結果、アブルッツォ地方の住民（マルシィ人、パエリグニ人、マルッキニ人、フレンタニ人、ウェスティニ人）は、急いで和平条約を結んだ。それまで彼らはそれをためらっていた。こうして獲得された領土の全体は植民市の建設によって固くローマと結ばれ、そしていくつもの農村トリブスの新設によってローマに属すと正式に認められた。

（1）イタリア半島の東部に向かうウァレリウス街道がアペニン山脈方面へ、そしてそこからさらにアドリア海方面へ向かって建設されたことがローマの介入を説明する。

軍隊の改革――中隊の導入――

ローマが行なった数多くの軍事作戦は、危険な敵と〔しかもしばしば山岳地帯という環境において〕対峙したため、ローマ軍の戦術構造にも決定的な影響を与えた。ポリュビオスはそれについて次のように充分な説明を行なっている。「重装歩兵の密集隊は、それにふさわしい隊形で維持され、敵・味方の激突に耐え抜く力をもっているかぎり、兵士は正面で敵との激突に耐えることができ、一人として後退はしない」。しかし彼は密集隊がこんなにも優位にあった理由を述べた後に、次のように続けている（ポリュビオス、第一八巻、三一章）。

「……戦《いくさ》になるや、その行為が始まろうとする時と場所は前もって決めることは出来ないだろう。重装歩兵の密集隊には戦争という行為にすべての大きな力を与えることが出来るよう、時と地形が必要である。もし敵が時と場所において彼らに好都合で、決定的な戦闘を始めなければならなかったとき、敵は〔すでに述べたように〕つねに重装歩兵の密集隊をもって戦うことはありそうである。しかしもしこの敵が逃れる力をもったとすると、また、もしそれが敵にとっていとも容易だったとすると、敵はなおもこのような隊形をひどく恐れるいかなる理由があったか。重装歩兵の密集隊にとって平坦で、むき出しの地形が必要であったことは誰もが知っている。つまり溝、窪地、土地の起伏、土手や水のある川のような、いかなる障害物をも断ち切る地形である。なぜなら、このように編成された軍隊を無力にしてさらに解体するような偶然の地形はどれ一つあってはならないからである。さて、二〇スタディオン（約三五五〇メートル）の間隔か、しばしばそれ以上に広い土地に、地形上の障害物が一つもない土地を見いだすことは、ほとんど不可能か、少なくとも極端に希である。この点は誰もがまたよく知っているだろう。地形上の障害物が一つでもあると認めると、敵は会戦を拒否し、そして付近の土地を歩き回り、都市や同盟国の住民の領域を略奪するなら、どんな利益がこのような隊形にあり得るだろうか？　そこで密集隊は、その隊形にとって適切な地形に止《とど》まろうとするとき、敵の手中にある地方の住民を救助することはできないだろうし、自分自身の安全を守ることさえできない。実際に、敵が作戦上不敗の主人であるなら、敵が易々と食料を入手するのを妨げることなど出来ないだろう。他方で、もし密集隊がみずからに有利な戦場を離れるよう反応すると決めたなら、その密集隊は敵の格好の餌食《えじき》になる。しかも平原で相手に敢然と立ち向かう用意のできた敵がいるときでさえ、もしその敵がそのすべての兵に密集隊相手の攻撃を仕掛けて来る一回切りの瞬間の強い衝撃を食い止めようとする一斉攻撃を始めさせないなら、そしてまた、もしその敵はちょうど戦闘が始まろうとする際にその軍勢の一部を引き止《とど》めておくなら、こんにちローマ人にも採用されているこの戦術は根拠のあるものと、私たちが少しでも考える時、次に何が起こるか、容易に想像されるだろう。」（ルーセル訳、プレーヤード双書）

ポリュビオスは思い起こして述べているのであるが、なぜローマの中隊はその当時においてすでに重装歩兵の密集隊をはるかに凌ぐほど優れていたか、報告しようとするのは、すでに前四世紀の半ば以来、ローマ人がサムニウム人に直面した経験〔彼らは非常に移動性があり、起伏の多い土地で作戦を行なった〕から学んださまざまな困難について概略を示し、そのような困難からローマ人は〔正確に言うと〕重装歩兵の密集隊を放棄せざるを得なかった、と知っていたからである。すなわち、それ以来ローマ人はずっと柔軟性に富む、新しい戦術に基づく隊形を軍隊の単位として採用したのであった。それが中隊《マニプルス》である（中隊とは兵士を集合させるために棒の先に結わえた干し草の小さな束を意味する語に由来した）。中隊は、二つの種類の百人隊《ケントウリア》から構成された（つまり兵士の数は一〇〇人ではなく、各百人隊《ケントウリア》が属す階級に従って六〇人ないし三〇人に引き下げられた）。こうしてそれ以後、軍団は三つの部類ごとに——第一戦列《ハスタティ》、第二戦列《プリンキペス》、第三戦列《トリアリイ》——一〇個の中隊、総計で三〇個の中隊をもつことになる。

このような戦術の根本的な修正は、同時に武装の改革を伴ったのであるが、すべてが「戦術的な」理由のみによって説明されるものではない。武装に関して言えば、ローマ人は古代イタリア人が使った長方形の楯を採用し（重装歩兵の丸い楯に代えて）、そして長槍《ハスタ》（防御用の槍）を投げ槍《ピルム》に取って代えた。この投げ槍《ピルム》は、少なくとも第一戦列《ハスタティ》と第二戦列《プリンキペス》の兵にとっては、飛び道具であった。したがって中隊の戦闘は性格を一変させる。まず、第一戦列《ハスタティ》の中隊〔最前列を構成する〕は、投げ槍を投げてから、自分の剣と楯でもって白兵戦を始めたのである。そして次に、二〇〇〇人から成るこの全中隊は、各中隊の横幅の広さだけの間隔が互いに空《あ》くように配置されていて、その結果、もし第一の戦列がかろうじて敵軍との衝突の力をものともしなかったなら、第二の戦列、つまり第二戦列《プリンキペス》の兵は、敵を包囲する作戦を取るため両側に展開することが出来ると同じく、第一戦列とのあいだに予め取っておかれた隙間を通って直接に戦闘に加わることも出来たのである。いずれにしても、第三戦列《トリアリイ》〔長槍《ハスタ》を与えられた槍兵〕は、後方に止まっていて、片膝を地に着け、そして背後を自分の楯で防御したので、事態がうまく進まなかったときだけ、戦闘に加わった。最後に、この新しい戦術は、おのおの三〇騎から成る一〇個の騎兵小隊〔半分ずつ両翼に配置されていた〕に本当の効果と誇りとを持たせたのであった。中隊は三つの戦列がサイコロの五の目型の態勢を取っていて、戦場の必要に応じて、あるいは直面する敵の兵力の大きさに応じて、修正されたことは明かである。重要なことは、それ以後、各兵士は中隊全体の内部にあって相対的な自立性をもったことである。すなわち、中隊の全体は一つの活動領域（それは密集した隊形《コンフエルトウス・オルドー》を取るか、それとも散開せる隊形《ラクサトウス・オルドー》を取るかで大きくも小さくもなる）を――中隊が本来示すことが出来たその力量の内で――

占めたのである。ご存じのように、重装歩兵の戦闘に際して、兵士は実際に、終日のあいだ、その場で身動きもできずにあらゆる危険を我慢し、そして、たとえ即死ではなかったとしても（喉あるいは鼠けい部へ負った）とりわけ痛い傷を耐え忍ぶことを余儀なくされたから、戦闘は兵士にとってはさほどやりがいがあるとは言えなかった。このような多くの困難があったわけだから、ギリシア世界ではその戦略にゆゆしき結果を招いたのであった。すなわち、この型の戦闘は、純粋に防御的な文脈の中でしか考慮されなくなり、そしてこのように仮定した場合でさえ、しばしば兵士に自分の義務を死にもの狂いで思い出させなければならなかった。

それゆえに、この中隊という新しい組織は、一般に「ローマ帝国主義」と呼ばれるものに——今やローマ帝国主義は大変な熱気を帯びてきている——かなり重大な結果を招いたはずだが、しかしとりわけ重大な結果と言えば、社会的な集団および彼らの兵役《ミリティア》〔武装した軍隊勤務〕に対する態度の変化を如実に示した。実際に年功と能力の基準は富の基準に少しずつ取って代わったと確認できるからである。すなわち、最も若い兵士たちのハスタティを第一列に据え、最も経験を積んだプリンキペスたちはほとんどが控えに回されたのである（トリアリィたちは、三〇人の中隊で組織されたから、数が少なかった）。もちろん有産階級《クラシス》別の軍の編成は機能し続けた。そしてそのような軍の編成は、戦闘のためにもっぱら武装した最初の三つの階級《クラシス》と軽武装をした最後の二つの階級《クラシス》〔補助軍として従軍〕とのあいだに明らかな区別が存在した事実の中にも確認される。しかしこのような軍の編成は、階級《クラシス》と百人隊《ケントゥリア》ごとに行なわれた伝統的な徴兵《ディレクトゥス》法に対してより手っ取り早い徴兵法が取って代わる傾向にあったという点でともすると弱体化する方向に向かったこと、そしてこのより手っ取り早い方法はより望ましい責任の分担〔区《トリブス》ごとの徴兵〕を確実にしたので、このような役割の交代は、トリブス民会が立法権を手に入れてその重要性を増し、ケントゥリア民会と競争するまでになった瞬間に起こったのである。

第三次サムニウム戦争

ローマはまだサムニウム人、エトルリア人、ガリア人、サビニ人と決着をつけていなかった。第二次サムニウム戦争につづく時代について今ある情報は、非常に不完全であるが、ガリア人のセノネス族は、前三世紀が始まるとすぐに、エトルリアとウンブリアに侵入したことが分かっている。そしてサムニウム人は、それをきっかけにルカニア人と同盟し、南イタリアにおいて戦争を再開した（前二九八年から前二九〇年の第三次サムニウム戦争）。

ここでローマの作戦の詳細に立ち入ることはしないが、前二九八年の遠征は、先に述べたスキピオ・バルバトゥスの称賛碑文〔六二頁〕によって立証されると言っておきたい。この頃の数年間というもの、政務官代行《プロ・マギストラトウス》の職が数多く任命される国制上の特徴が認められる時代であったことが分かる。つまりその職は、執政官の命令権が延長されたもので、元職の執政官に軍隊の指揮が委ねられるか、若しくは前職のない人に法務官代行《プロプラエトル》の称号が与えられるかのどちらかを言った。はっきりしているのは、軍事情勢が非常に重大な局面にあって、軍隊に命令する指揮官――その数はまた決して多くなかった――の数を多く必要としたのであった。すなわち、前二九五年、エトルリアには二人の執政官とともに四個軍団がいたが、ローマの近くには首都を警護するためさらに二つの軍隊が配備された二個軍団がおり、そして最後の二個軍団はサムニウムにいた。北ではサムニウム人がエトルリア人やガリア人と合同したので、危険は非常に大きくなり、さらにウンブリア人が彼らに加わった、と言っておかなければならない。ガリア人とサムニウム人だけがローマ人に面と向かって来たとき、ついにセンティヌムにおいてローマの命運を賭けた戦いが行なわれたが、エトルリアとウンブリアを略奪する牽制攻撃を仕掛けるために予備の二つの軍隊が派遣され、エトルリア人とウンブリア人は、それぞれ自国の防衛のため、センティヌムから撤退してしまった。そこで長いあいだ勝敗は決せず、貴重な人命が犠牲になった。[1]とりわけセンティヌムの戦いは、執政官プブリウス・デキウス・ムスにとってみずからの「命を捧げる」機会に——ちょうど彼の父が前三四〇年にウェセリスの戦いのときに殉じたと同じく——なったのであった。

(1) 敵側では、二万五〇〇〇人が死に、八〇〇〇人が捕虜となり、ローマ人とその同盟国(ソキイー)側では、八七〇〇人が殺されたが、同盟国の兵はローマ側の兵〔歩兵一万八〇〇〇人と見積もられた〕より数では勝っていた。

「神官は、高官服《トガ・プラエテキスタ》に身をつつみ、頭《こうべ》をヴェールで覆って、両手は衣服の下を通して顎まで上げ、両足は地上に横たえられた投げ槍の上において、次のように言った。『ヤヌスよ、ユピテルよ、父なるマルスよ、クィリヌスよ、ベローナよ、ラレスよ、新しい神々よ、土着の神々よ、その力がわれわれにも敵にも及んでいる神々よ、地下の神々《マネス》よ、どうかお願いします、切にお願いします、お頼み申します、そして感謝をもって提案します、クィリテスのローマ国民のために力と勝利を恵んでくださいますように。クィリテスのローマ国民の敵には、恐れと、激しい恐怖と、そして死でもって打ちのめしてくださいますように。既に私は厳かに申し上げましたように、クィリテスのローマ国民の共和政のために、クィリテスのローマ国民の軍隊と軍団と補助軍のために、私はわが身をもって敵の軍団と補助軍を地下の神々《マネス》と地の神に捧げると誓います』。」（リウィウス、第八巻九章、五～七節。R・ブロック／Ch・ギュイタール訳）

このセンティヌムでの自己犠牲《デウォティオ》について言うと、歴史をまったく踏まえていないとは言えないのであるが、いずれにしても、それは少なからず強制された取引であって（それにはあらかじめ神がみに支払われた値段がきちんとついていた）、将軍がみずからと敵の軍隊を道連れに一緒に呪いに落ちよと願を掛けたものであった。つまりローマ人がその将軍に信を置く宗教的な効果は必ずしもなかったとしても、将軍の自己犠牲はおそらくローマ軍を圧倒し始めた敵に打ち勝つことに絶望した軍隊に対して心理的な効果があったであろう。いずれにしても、たとえ別の執政官、クィントゥス・ファビウス・マクシムスが凱旋式を挙行して祝った勝利は〔実を言うと〕決定的な勝利でなかったとしても、しかしこの勝利はなによりもまずエトルリアとウンブリアとのあいだの戦争を終わらせ、サムニウム人ときっぱりと決着を付ける戦いの前哨戦であった。そこでサムニウム人は兵士を戦《いくさ》の玄人に仕立てる恐るべき動員の手続きに頼ったが、この最後の努力もむなしく、前二九三年にアクィロニアにおいて敗北し、前二九〇年、和平条約を結んだ。その年はサビニ人とプラエトゥティ人が投票権なきローマ市民権《キウィタス・シネ・スフラギオ》に編入され、同時に彼

地図3　イタリアの征服

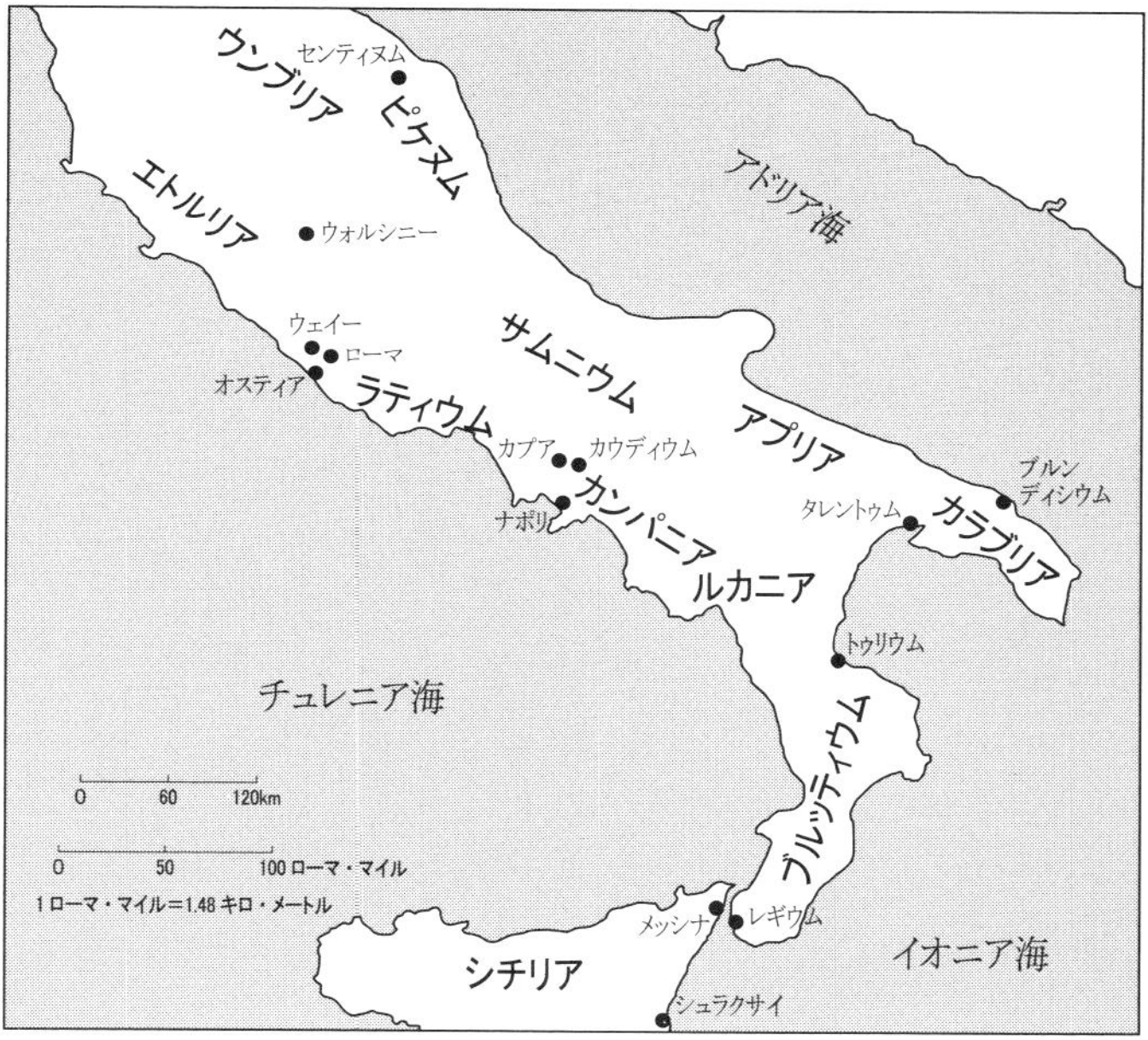

らの領土が没収されてローマ人入植者に配分された年であった。ピケヌム地方はその一〇年後に同じ運命を甘受した。そして以上の領土は、前二四一年、第三四番目と第三五番目の区《トリブス》、つまり最後の二つの区、クィリナとウェリナの創設に割かれ、最終的にローマ領として組織されたのである。

IV　ピュロスとカルタゴ

ピュロス戦争

ローマをタレントゥムに対抗させた闘争の原因は今もって定かでない。

ずっと以前に結ばれた一つの条約は、ローマ人がタレントゥム湾に航海して入るのを禁じたが、それからローマ人は〔ルカニア人が率先してトゥリウム市を攻囲《こうい》するや同市を解放してそこに守備隊を常駐させた後〕一〇隻の戦艦を派遣し、タレントゥム港に投錨したが（前二八二年）、この行動はタレントゥムを大いに挑発したようであった。少なくともここに至ってタレントゥム人は、事の重大さを理解した様子だった。彼らはローマの艦船に火を放ったのち、トゥリウム市に進軍し、ローマの守備隊とローマに忠実な貴族層の代表を同市から追い払った。つまりタレントゥム人のほうが、戦争を始めたのである。ローマ人が宣戦を布告すると、タレントゥム人はピュロスに助力を訴えた。エピロス王でも何でも無い、エピロス連盟の構成国の一つ、モロッソス人の王に過ぎないピュロスは〔エピロス連盟の中でどちらかというと窮屈さを感じていたが〕みずからをアキレウスの子孫と思い込み、イタリアのギリシア諸都市を異邦人《バルバロイ》から解放しようとしているときに、折よく同国人の承認を取りつけることに成功し、前二八〇年の春、タレントゥムの領土を守るためといって紛争に介入したのであった。ローマ人はそのために大きな損害を被り、敵対行為の中止を要求したが、無駄に終わった。和解で解決しようと、さまざま試みられた挙げ句に、すべての試みは流産し、ギリシア人とローマ人の最初の会戦が同年の夏、ヘラクレアにおいて行なわれ、ローマ人の敗北となった。ローマ軍はマケドニア王がピュロスに貸し与えた二〇頭のインド象〔彼はその象軍を軍の両翼に配置した〕を目の前にしてパニックに陥ったからであった。しかしさまざまな外交交渉の末に、多数のギリシア都市が敗者の側に味方したので、ピュロスはその勝利から何も得るものはないと知ったのである。そして彼は、ナポリとカプアを攻め落とすことに失敗したのち、ローマに向かって進軍したのは、多分エトルリア人を新たに対ローマ戦に参加させようと期待したからだろう。しかし作戦の任を負った執政官は、ウォルシニーおよびウールチと条約を締結することに成功し、タレントゥムを味方に引き入れるのがより賢明と判断して、改めて和平を実現しようと図り、タレントゥムの忠実な代理人、キネアスがローマ元老院に示した提案は、以前にあったものよりもいっそう厳しいものになっていたが、ようやく受諾されるに至った。すなわち、タレントゥム市は、この戦争によって体力をすっかり消耗しており、体力を取り戻すためには何年もの平和を必要としただろう。一方、年老いたアッピウス・クラウディウス〔前三一二年の監察官で、既に盲目になっていた〕は、ピュロスとの協定に反対する論を張るため元老院議場に姿を現わし、元老院の意見を変えさせることに成功した。彼の演説は長いあいだ修辞学の模範となり、キケロでさえもそれからインスピレーションを得たと主張している。それゆえに敵対は再び始まり、前二七九年には、二日間の激戦が記録されているが、その戦闘のあいだにローマの二人の執政官は、ピュロスの兵士の二倍の兵士を失った。ピュロスは執政官の軍隊の中央を突破することに成功したからで、それは確かにギリシア側の勝利であったが、その結果は敵対する双方の弱体化に他ならなかった。

ピュロスはタレントゥムに引きこもり、今や彼の同盟者の敵意——同盟者に途方もない財政的な要求を無理矢理受け入れさせたので——の的になっていたが、彼はその果てしない野心にとってまたとない新しい活躍の場をシチリア島に見い出した。実際にシュラクサイ人は、そのときシュラクサイ領の略奪を狙うマルスの軍団からも[1]、またシチリア全島をみずからの支配下に置こうとしていたカルタゴの野心によっても脅かされていた。しかし正確に言うと、カルタゴ人は一二〇隻の戦艦をローマの外港オスティアに派遣したが、それはローマ人に援助を申し入れ——ローマは結局それを拒絶した——、そしてローマ人と協定(2)を結ぶ目的からであった。ピュロスはそれでもシチリア島に渡ったが、そこで彼は解放者として迎え入れられ、実際にかなり大きな成功を経験した。というのは、前二七七年、カルタゴ人はリリュバエウムを保持するだけで、ピュロスが和平を望んだのは確かなようであったが、しかしシチリア人は彼と和平を結ぶのを拒み、ついに彼が法外な財政上の要求をするや、彼に対して反乱を起こした。前二七六年、彼は再びイタリアに渡り、そこでサムニウム人、ルカニア人、ブルッティ人らは、だんだんと強くなるローマ人からの圧迫に対抗して（執政官によってこの数年に祝われた凱旋式がそれを証言している）、ピュロスに救援を要求した。最後の会戦はベネウェントゥムにおいて行なわれた。ローマ人は確かにその軍隊の徴募《ディレクトゥス》に際して、さまざまな困難を経験したが、執政官は徴募を最後までやり遂げるため、多数の兵役忌避者を奴隷に売ったり、彼らの財産を没収しなければならなかった。ピュロスの軍隊は、エピロスへの航海を前にして、マルスの軍団が差し向けた伏兵によって、次いでカルタゴの軍勢との海戦によって、数が減ってしまった。敗北したピュロスは、タレントゥムに撤収し、それから再びエピロスに渡ったのであった。

(1) マメルティニと呼ばれ、彼らはカンパニ人傭兵で、以前シュラクサイのアガトクレスの指揮下に従軍し、メッシナに居座って、男性の市民を皆殺しにした。
(2) カルタゴ人はローマを海上で助けるのと引き換えに、ローマ人が南イタリアにおいてその作戦を展開するあいだ、シチリア島において行動の自由を得ようとする協定〔訳注〕。

ローマの凱旋式表は、その後も数年のあいだ、数々の作戦が南イタリアにおいて続行されたことを証言している。そしてついに前二七二年、タレントゥムは降伏した。それはローマ人によってもカルタゴ人によっても切望されたものだったが、ピュロスが残した守備隊は、降伏に際してカルタゴ人よりもローマ人のほうを選んだ。ローマ人はこの地域で起こった問題に少しは秩序を維持する姿勢で臨んだからである。とりわけレギウムを攻囲した際、ローマ人が残した守備隊の兵士たちは——マルスの軍団の例に倣って——男の市民すべてを虐殺し、彼らの夫人と財産を奪ったのである。この例は嘆かわしい限りであったが、その懲罰は模範的であった。すなわち、ひとたびレギウムが奪還されるや、守備隊のすべての生き残りは、ローマに連れてこられ、フォルムにおいて斧で斬首された。残るはブルンディシウムの奪取だけだった。これは前二六七年に実現し、こうしてローマは南イタリアの全面的な支配を確実にすることができた。

シチリア島問題——第一次ポエニ戦争——

ローマのシチリア島への介入は、マルスの軍団の訴えによって決定された。すなわち、マルスの軍団はシュラクサイの新しい「王」ヒエロンが彼らに戦いを挑むため、市民軍の頭《かしら》になって以来、危機的な状況に置かれていた。ローマ元老院は、これらの悪党たち——彼らはレギウムの守備隊兵に劣らず悪党どもだった——を支援しないと、決定を下したが、しかし国民は前二六四年の執政官、アッピウス・クラウディウス・カウデックスの影響下に遠征軍の派遣を決めてしまった。その間に、カルタゴ人もまたマルスの軍団の訴えに応《こた》えて、メッシナに守備隊を提供したが、この守備隊は、ローマ人がその同盟者から借りた船に乗ってシチリア島に渡ることに成功するとすぐに追い出されてしまった。こうして宣戦布告はシュラクサイ人とカルタゴ人に対して（おそらく単純な形で）なされたのであろうが、カルタゴ人はこの戦争の最初の年にアッピウス・クラウディウスの軍と戦って敗北を喫した。これら初戦の成功という事実から、そしてローマが翌年も執政官の二個軍隊を派遣できたという事実に強く印象づけられた大部分の都市は、ローマ側につき、またヒエロンは——新しい敗北を被った後であったが——ローマ人と条約を結び、それ以後、ローマの忠実な同盟者になるのであった。こうした数々の成果があったにもかかわらず、この戦争はローマ人にとって新しい戦争、つまり艦隊を建造しなければならない、海上において戦わなければならない、そして嵐を充分に考慮しなければならない戦争になった。艦隊の建造について言えば、ローマ人は初歩から手ほどきしてくれるだけの充分な能力をもつ南イタリアの同盟国を意のままに扱った。そしてローマ人は、カルタゴ人から拿捕した艦船から彼らのさまざまな技術を磨くことが出来たのであった。幾多の海上の戦いがあったが、もし凱旋式の画《え》、すなわちウァレリウスの画《タブラ・ウァレリア》を信じるなら、海上の戦いは大変に重要な地位を占めたのであった。このような画の一つ、たとえば前二六四年の執政官マニウス・ウァレリウスがもたらした最初の海の大勝利を記念する画は、元老院議場の壁に張られた。次に、ガイウス・ドゥイリウスの勝利の後、ローマに特別の凱旋記念碑が造られるが、この前二六〇年の執政官が最初に祝うことになった海の凱旋式《トリウンフス・ナウアリス》を記念する碑であった。そのほかに彼はカルタゴ人から拿捕した船の嘴《くちばし》で飾られた柱廊をフォルムに建立した。五年後、別の執政官、ドゥイリウスは船の嘴をもつ新しい柱廊を今度はカピトリウムの丘に建立した。彼に許された異例の名誉〔夜の外出に際して家の扉に松明を掛け、二人の楽人がお供をしたと言われる〕は、海の支配権を獲得すること、それはローマ人が最も重要と考えたこと、との印象を与えたのであった。その上さらにローマ人はマスト状の特別の回転柱〔カラス《コルヴゥス》の嘴と呼ばれた〕を各戦艦に装備した。ローマ人はこのカラスを敵の艦船に引っ掛けて、軍団兵を敵船に乗り込ませ、白兵戦に持ち込む、そういった装備であった。ローマ人はこの戦術を初戦では成功させたかもしれないが、しかし彼らの艦船が悪天候の海上で平衡を失って安定を欠いたため、転覆する戦艦が続出して、ついにこの戦術は断念せざるを得なかった。こうしてローマ人は、海上でさまざまな経験を積んだのであるが、その結果は実際非常に不幸であり、多くの悲劇をもたらした。嵐のためもあったであろうが、また船長の不手際もあった。船長が悪天候下の航海に必要な些細な用心さえも怠ったからである。もっとも船長の中には、前二五九年の執政官〔彼は嵐の神がみに神殿を捧げた〕のように、何人かのもっと自覚を持った船長もいるにはいたが、しかし悲劇はその後もローマの艦隊に襲いかかったのである。すなわち、前二五五年のアフリカ遠征で得た戦利品を満載した艦隊は強風にあおられて三六四隻のうち、二七六隻が一挙に失われた。

　ローマ国民は、国民に大量の戦利品をもたらすに違いない、と単純な考えから海外遠征を始める気になったが、実際は予想に反し、ローマ国民は長く困難な戦争に引きずり込まれ、消耗戦を戦う羽目になり、暗鬱とした長い時だけが過ぎるのであった。レグルスの伝説はその生き証人だった。〔捕虜となった彼はローマ人に降伏を説得すべく首都に遣わされたが、失敗すればアフリカに帰ると約束した手前〕アフリカへ戻った後、いったん結んだ約束はあくまでも守ると言って聞かず、カルタゴ人によって「信念に殉じて死に至らしめられた」のであった。別の生き証人は、プブリウス・クラウディウス・プルケルに対して起こされた裁判である。彼は不利な前兆を無視したとして告発された。前二五〇年代初めの数年というもの、疫病、一連の敗北、そして多くの不吉な兆候が報告された挙げ句に一組の地獄の神〔ディスとプロセルピナ〕がローマに招来されたのは決して偶然ではなかった。(1) 第一次ポエニ戦争は、人命をむさぼり喰う戦争であり（戸口・財産調査《ケンスス》の数字は、前二五二年と前二四七年のあいだに五万人の成人男子の損失があったと示す）、ローマ経済にとっても破滅的であった。何故なら、ローマ人はどうにもやりくり算段がつかず、一時艦船の建造と艤装を個人に頼らなければならなかった（ローマはこの戦争の全期間を通じて七〇〇隻、カルタゴは五〇〇隻の艦船を失ったと計算されている）。けれども、この戦争の勝利は海上で得られるということをローマ人はよく知っていたので、新たに艦隊の建造を決心した。この艦隊は、ガイウス・ルタティウス・カトゥルスの指揮下、アエガテス諸島沖でカルタゴ人に対して新たな勝利を挙げたので、彼らに次の条件で和平を結ばせた（前二四一年）。すなわち、カルタゴはシチリア島とリパリ諸島から撤退し、将来ローマの同盟国に対するあらゆる敵対行為を止め、捕虜を返還し、巨額の戦争賠償金を支払うというのが条件であった。

（1）この二柱の神については、ローマが南イタリアとシチリア島のギリシア人からその地獄の神がみを移植したのは、彼らの自由のために夷狄（バルバロイ）と戦っていることを思い起こさせる利点のためだった。

カルタゴは、つづく数年のあいだ、この戦争のあらゆる後遺症に悩まされることになり（その一つが傭兵の恐るべき反乱であった)、伝統の地中海政策を積極的に推進することになるが、それはまたかつてローマをして前二四一年の条約に違反してサルデーニャ・コルシカ二島を奪うのを許すことになった。しかしローマ人はおそらく平和を強く望んだであろう。前二三五年――カルタゴとの最終の和平条約が結ばれた後――、平和の印《しるし》にヤヌス神の神殿の扉が閉じられた。これは古き良き王ヌマ以来絶えてなかったこと、またアウグストゥス以前に再び起こることはなかったに違いない希なことであった。

属州の創設

ローマの権力を海外の領域へ拡大する、それはローマの国制上の組織にさまざまな、重大な結果をもたらした。平定されたシチリア一島《いっとう》とローマとの関係では、ローマ人はおそらく初期の段階で彼ら以前に島を支配した者たちの課税組織をそっくり真似《まね》たが、そのような課税組織を採用したのはおそらくローマ権力の代理人たる者が島に長く駐留するのを正当と認めなかったからであろう。しかしこの島に課した公税《トリブトゥム》の徴収から生じた障害や紛争は数多く、他方でまたサルデーニャ島には毎年毎年軍隊を派遣したり、あるいは維持したりしなければならないという困難な状況が年々激しくなって来てついにローマは新たに政務官職を作ることを決めた。法務官は前二七七年に四人となっていたことが知られているが、そのうちの一人がシチリア島を、別の一人がサルデーニャとコルシカの二島を管轄州《プロウィンキア》として授けられた。こうしてローマ領と定義される属州《プロウィンキア》が生まれたのであった。

V　世界大戦——第二次ポエニ戦争——

戦間期の時代

この時代の大事件は、ほかのすべての（制度的な、社会的な、政治的な、文化的な）問題を覆い隠そうとするほど現存する史料の中で重大な場所を占めた事件で、かつまたローマ共和政の歴史にとっても並外れて多くの重大な結果をもたらした大事件、すなわちハンニバル戦争であった。

けれどもカルタゴに対する最初の勝利と第二次ポエニ戦争の開始とを分かつ時代は、都市ローマにとってもいろいろと重要な時期であった。すなわち、ローマはこの時代に限ってみても、いくつもの戦争に巻き込まれたが、しかし一方で、それら戦争は東方《オリエント》〔ギリシア〕との対外政策を明確に打ち出すよう迫られた戦争であったし、また他方で、ローマの対外政策を崩壊の淵に追いやりかねない戦争であった。少なくともローマ人自身はそう信じたのであった。

東方の情勢はと言うと、二回のイリュリア戦争（前二二九年から前二二八年までと、前二一九年）があり、この戦争はアドリア海にはびこった海賊行為——その常習犯はもっぱらイリュリア人であった——がますます激しくなり、イタリア人の通商を守る必要に迫られて起こったのである。この二回のイリュリア戦争によって、ローマはアドリア海の東の岸にしっかりと腰を据えることができた。ローマ人に途方もない恐怖を引き起こしたもう一つの戦争は、ガリア人の諸部族〔今度はポー川の河谷《かこく》に住むゲサテス族と同盟したボイー族およびインスブレス族〕とローマ人を対決させた戦争であった。この戦争が始まる前に、デルフィーの予言や、はたまたシビュラの予言書のお告《つ》げを聞きに使者が派遣されたが、予言の指令に基づいて、ガリア人ならびにギリシア人の男女が一組ずつ牛広場において生き埋めにして犠牲として捧げられた。それは確かにローマ人の儀式としてはあまり見られない儀式であった〔リウィウスは「最もローマ人らしくない犠牲式によって」と述べている〕。こうして用心に用心を重ねた上に、異例とも言うべき全イタリア《トータ・イタリア》からの動員にもかかわらず――ポリュビオスは、五万人以上のローマ人と一五万人以上のイタリア人と証言している――前二二二年の遠征は災厄〔すぐに償われたが〕とおそらく一つの勝利によって始まった。そしてつづく数年の執政官たちは、戦場をポー川の彼方に拡大した。前二二〇年に、ローマ人はミラノを占領して戦争はようやく終わった。一連の作戦の重要性を証言するのは、執政官マルクス・クラウディウス・マルケルスが最大の戦利品《スポリア・オピマ》（つまり軍司令官が敵軍の首領から奪った戦利品）をユピテル・フェレトリウス神に捧げたことに認められる。この場合、それはマルケルスが自分の手で殺したゲサテス族の王、ウィルドマルから挙げた戦利品であった。その他にこれが認められた例は、年代記に二回しか記録されていない。すなわち、ロムルスによるものと、前四二八年のウァレリウス・コッススによるものである。

第二次ポエニ戦争

ハミルカルは、傭兵戦争の紛争が片づいた後、カルタゴに残っていた軍隊とともにスペインへ派遣された。すなわち、カルタゴは他の場所での失地をスペインにおいて回復しなければならなかったのである。もっとも、カルタゴ人に備わった通商の能力は、カルタゴが急速に立ち直るのを可能にしたに違いないこと、そしてまた、カルタゴは決して自国の農業生産力を失っていなかった、と考えられるが、このような農業生産力こそ、北アフリカの巨大な領土において——それはカルタゴに所属すると同時に当然その領土を通じてカルタゴはスペインと接触を保った——重要な役割を果たしたに違いない。ハミルカルの征服は、非常に豊かなスペインの銀鉱をカルタゴ人にもたらした。彼の婿、ハスドゥルバルが彼の後を継ぐと、新カルタゴを建設したが、それはローマ人がガリア人の侵入を心配し始めていた矢先のこと、ローマは彼の許へ使節団を派遣した。その結果、カルタゴ人が介入できる地域を制限し（多分、ジュカール川以南だったであろう）、それゆえに、カルタゴ人とガリア人とのあいだの一切の同盟条約を未然に防ぐ協定が結ばれた。しかしハスドゥルバルの後を継いだハンニバルは、前二一九年にサグントゥムを攻囲することになった。この行為はローマで条約違反と判断され、カルタゴに償いをさせるか、さもなければ宣戦布告するため、ローマの代表団がカルタゴに派遣された。こうして戦争になり、ハンニバルは前二一八年の夏のあいだに五万の歩兵、九〇〇〇の騎兵、四〇頭の象を率いてガリアを通り抜けた。ローマ人もまた戦争の準備に取りかかった。アルプスのこちら側のガリア《ガリア・キスアルピナ》の二つのラテン植民市、クレモナとプラケンティアに定住を終えるべく急いだ。

この戦争の成り行きはまあまあよく知られているほうなので、戦争をいくつかの段階に分けて手短に思い起こすことも可能であろう。すなわち、ハンニバルはローヌ川の流域を自由にしてやってから、モーリエンヌに向けて北に途を取ったのは、彼を捕捉しようとしていたに違いない軍隊から逃れるためであったが、またモン・スニの山脈《やまなみ》ないしクラピエの峠《コル》でアルプス山脈を越え、トリノを襲うためであった。一方、ガリア・キスアルピナで彼を待ち受けていたローマ軍の最初の失敗は、いくつか重大な結果を招いた。なぜなら、それはインスブレス族にカルタゴ人の側に味方するよう決心させたからであった。ハンニバルは、〔この戦争の全期間を通じて〕ガリア人の信頼の置ける分遣隊をいくつか意のままに扱うことが出来たのであるが、彼は多分ガリアとイタリアへ無事に到着すべく外交に準備万端おさおさ怠りなかったからでもあった。それは、〔実を言うと〕彼が「対ガリア政策」をお手のものとした、と意味するに他ならない。それとは反対に、ハンニバルは一応イタリア政策をもっていた。とくにローマ人捕虜は虐殺し、イタリア人は釈放することによって彼のイタリア政策を急遽広く知らしめたのであった。それはローマの同盟諸国民を解放して[1]ローマを弱体化させようと目論む政策であった（彼はもちろんカプアと同盟し、ローマが敗北した暁には、カプアがイタリア連邦の主人になることを約束した）。この戦争の開始期はローマにとっては破滅的なときであった。トレビア川の戦い（前二一八年）、トラシメヌス湖畔の戦い（前二一七年）、カンネーの戦い（前二一六年）は皆そうであった。しかしハンニバルは彼が築いた有利な地歩をローマ進軍のために活かすことはしなかった。彼は南イタリアの諸国民を味方に引き入れるか、もしくは服従させるかするため、南イタリアに留まることで満足したのであった。

（1）彼はすでにそうすると言い張っていたし、また彼らに加えてロクリス人、タレントゥム、ルカニア人とも同盟条約を進んで受け入れようとした〔訳注〕。

この戦争はイタリアに限定されはしなかった。すなわち、スペインにおいて戦いがあり、そこでは二人のスキピオ兄弟は、まずいくつかの戦果を上げたのち、それからカルタゴ人がその軍勢の大部分をシュファクスの反乱を鎮圧するため本国に送還したあいだ、ほんのしばらく戦いは止んでいた。アフリカの問題が解決されたのち、前二一三年から、スキピオ兄弟は手強い相手に出会うことになった。兄弟の軍隊は、前二一一年に虐殺され、彼ら自身も戦場において命を落とした。その上、前二一五年、マケドニアのフィリッポス五世とハンニバルとのあいだで同盟条約が結ばれていた。フィリッポス五世はローマ人をアドリア海の東の海岸から追い出そうと望んだからである。この第一次マケドニア戦争のあいだに、〔実際、ローマ人は戦闘に巻き込まれることはなかったらしいが〕ローマ人はフィリッポス五世の宿敵、アイトリア人と同盟した（前二〇九年）。しかしアイトリア人は結局和平交渉をせざるを得なくなり、ローマは前二〇九年にフォイニケーにおいてあまり名誉にならない和平を結んだのであった。また、シチリア島でも戦わねばならなかった。シュラクサイのヒエロンが死んだとき、彼の息子は断固としてカルタゴ人に味方した。それから彼が暗殺された後、シュラクサイは無政府状態を経験したが、カルタゴは先の戦争で失った勢力を取り戻すため、そしてローマ人に新しい戦線を開かせるため、この無政府状態を利用しようと期待をかけたが、しかし軍司令官、クラウディウス・マルケルスは、シュラクサイを攻囲《こうい》し、前二一一年に同市を奪い取った。それから彼の後継の軍司令官はアグリゲントゥムを奪い、シチリア島において秩序を回復するため、前二〇五年までそこに留まった。

ハンニバルは、前二一一年以降、だんだんと南イタリアに閉じ込められたように見えたが、今こそアフリカの土地においてローマと戦争をしようと決断し、入念な計画が練られた。一方、プブリウス・コルネリウス・スキピオは、論争とためらいを繰り返した後、スペインで彼の父の後継になり、そしてスペインを完全にローマの権威の下に服させたと信じられたのであるが（属州《プロウインキア》スペインの創設は、前二〇六年、つまり彼がローマに戻った年に遡ると考えられるからである）、さらに彼は前二〇五年にシチリア島を、そして前二〇四年にはアフリカを管轄州《プロウインキア》として受取った。つまりローマが二個軍団（約二万五〇〇〇人の実兵力）を擁してアフリカで戦うと決意したことを意味した。彼は一連の成功の後、カルタゴに和平条約を結ばせたが、しかしハンニバルはその交渉のあいだにイタリアから帰国し、民衆の圧力を力に戦争を再開したので、第二次ポエニ戦争は、前二〇二年十月のザマの戦いがスキピオの最後のエピソードとして知られることになる。カルタゴは一年前に予想されたよりもっと厳しい和平の諸条件を呑まざるを得なかった。

Ⅵ　決算の時

第二次ポエニ戦争（戦争は一七年つづき、多数の作戦舞台に展開した）は、計り知れないほどの重大な結果を生んだわけだが、その中でもとくに明らかなのは、ローマ共和政の人口と経済に関する結果であった。すなわち、ローマ人は前二一八年と前二一五年の終わり〔トラシメヌス湖畔の敗戦とカンネーの大災厄の直後〕のあいだに、約一〇万八〇〇〇人を動員し、そのうち五万人を失ったが、それはフランス人が一九一四年から一八年の戦争において実際に被った損失と比較されるほどの、ぞっとするような「大量出血」であった。その上、成人男子の数はもはや前二〇四年には二一万四〇〇〇人（三〇年前の二七万七一三人に対して）でしかなかった、と確認される。しかしまた、第二次ポエニ戦争は、住民の移動という結果をもたらした。すなわち、ハンニバルがイタリア中を行き来した十数年のあいだに、多数の農民は都市的な中心地に——もちろんローマにも、しかしまたイタリアのその他のすべての都市にも——避難場所を見いだしたのであった。さて、このような状況のために、ローマ元老院は、前二〇六年に避難民の中の農民たちを送り返すため、極めて厳しい方策を採らざるを得なかった。同じく前一八七年、一万二〇〇〇人が今回は住民に見捨てられたラテン植民市へ送り返された。しかし同時にいくつかのラテン植民市〔とりわけフレゲラエ〕は、避難するためにやって来た多数のイタリア人を引き取ったのである。住民のこのような複雑な動きは、イタリアの農業に、〔その生産の潜在力はかなり引き下げられていたが〕大きな影響として跳ね返ってきた。そしてシチリア島やアフリカから穀物の大量輸入に頼らねばならなかった。しかし同時にローマ人は、とりわけ困難な経済状況に直面しなければならなかったから、否応なく財政と法律の面で改革を行なわねばならず、たとえば、戦費をまかなうために国債に頼ったり、あるいは商社、とりわけ公共事業請負人——軍隊に物資を供給する契約に入札した——の会社が倒産しないで長続きするよう法人格《ペルソナ》を考案しなければならなかった。

第二次ポエニ戦争がローマ社会に与えたさまざまな結果はまた無視できなかった。たとえば軍事組織に与えた結果やおそらくケントゥリア民会の改革にも与えた結果などは容易に読み取れるのである。軍団兵徴集の基礎を成す小土地所有者の貧困化によっておそらく前二一四年に完全市民《アシドゥイー》（すなわち、従軍するのに充分な財産を所有する市民）の最後の階級《クラシス》と従軍を免除される無産市民《プロレタリイ》とを分かつ資格財産額の限度を軽減することを余儀なくされたのである。重要なのは、第五階級《クラシス》の最小の資格財産額が一万一〇〇〇アスから四〇〇〇アスに引き下げられたことである。ここで言っておかなければならないことが二つある。一つは、これと同じ時代に、投げ槍で武装した軽装兵《ウエリテス》というものが新たに設けられたことである。この兵たちは敵兵の戦列を攪乱するために敵兵をしつこく攻撃するのを戦術上の役割としたのであった（しかし軽装兵は縦列を組んで「戦う」ことはなかった）。そしてもう一つは、ローマ帝国の終わりまで存在しつづけたに違いない戦術単位、歩兵中隊《コホルテス》が（スペインにおいてスキピオによって）この時代に考え出されたことである。この新たな隊〔より厚みのある〕の単位は、三つの中隊《マニプレス》を再編したものである。すなわち、この再編成は垂直の方法で（まず第一戦列《プリンキペス》、次に第二戦列《ハスタティ》、そして第三戦列《トリアリイ》の各中隊の順に）行なわれた。実際に重要なことは、軍隊内部の社会的な差違を消し去ることだった。そして軍隊はさらに武装の相対的な均一性を定着させた（ハンニバルのイベリア人補助軍から借用したスペイン剣《グラディウス》の普及がその一例である）。さらに軍務《ミリテイア》にある市民のあいだの関係が新しくなったと付け加えるのは適切であろう。なぜなら、兵の区別に対する抵抗は徐々に大きくなっており、そのような抵抗は若い徴集兵に対して執政官の命令に服従する誓いを強要する必要に迫られていたことによく表わされていたからである。

　前一七九年に行なわれたケントゥリア民会の改革は、百人隊《ケントウリア》という社会団体のこのような進化——それは軍事組織のさまざまな修正の中にしかと認められたが——を単に示したに過ぎないかもしれない、ということはまたありそうなことである。そこで、その詳細について残念ながら決して充分な情報が得られない一つの再編成が問題になるが、しかしその再編成は区《トリブス》を階級《クラシス》と百人隊から成る組織に導入する方向に向かうものだった。実際にはもはや七〇の百人隊しかなかった第一の階級にとってそれは確かであったが（三五の区の各々に年少組《ユニオレス》と年長組《セニオレス》の百人隊があった）、しかし他の四つの階級にもまたありそうなことだった。もっとも、再編成は投票の際に実施されたという留保を付けておかなければならない。それは投票単位の総数がそれ以後も規範の百人隊の数、一九三を超えることは決してないようにするためであった。このような改革によって徴兵の負担は恐らく最も下のほうに位置した階級——しかし「数では」勝っていた——にいっそう重くのしかかる点で再び均衡が取れていたので、以前の政治的な均衡を大きく変えることにはならなかった。

　しかし第二次ポエニ戦争はどんな結果をもたらしたか、それを述べるのは決して容易でないが、もし一つの分野があるとすれば、それは確実に政治の分野であった。勿論この時代に選ばれた政務官の名は大部分が知られるわけだが、しかしこれら政務官の名や血族関係や同盟関係からいろいろの集団〔つまり党派〕を言い当てることができると思って再構成しようとさまざまに試みられてきたが、いずれも今なおまったくの推論に止《とど》まっている。実際にこの戦争では例外とも言える個性が現われるのが目撃される。たとえば、クィントゥス・ファビウス・マクシムス。彼は先に起こったさまざまな失敗から引き延ばし戦術を強いられたので、時間稼ぎをする人《クンクタトル》なるあだ名が授けられた。またプブリウス・コルネリウス・スキピオ。彼はハンニバルと戦術の上で天才ぶりを競うことができた唯一の人であった。あるいは、マルクス・クラウディウス・マルケルス。彼は勇者の中の勇者で、彼についてはプルタルコスが伝記を残した。しかしティトゥス・リウィウスによる物語の中には、〔彼からは政治的な働きについての正確な考えを得ることができるが〕これら個人が元老院において戦わした議論は決してないのである。それゆえに役に立つのは、この戦争の時代が神聖同盟の時代であったと考えたサルスティウスの判断にこだわるほうがよいし、また、この危機のあいだに護民官は——その権威はその他の政務官の大部分が遠征中であったときだから、ローマ市の内部において発揮されたに過ぎなかったが——ともかく元老院と一致協力して国家行政にかなり重要な役割を果たしたと確認することもよいことである。

Ⅶ　ローマの世界帝国

第二次マケドニア戦争

第二次ポエニ戦争の終了は、ローマが軍事的な義務から解放されたことを示すのでは全くなく、それには到底ほど遠かった。すなわち、前一六八年まで、とりわけ東方ギリシアへしばしば介入するために、平均してほぼ九個軍団（六三〇〇人のローマ市民）が動員されたままであったが、さらに同盟国の巨大な量の分遣隊をそれに加えなければならない。そしてとくに〔アンティオコス戦争中の〕前一九一年から前一九〇年にかけては、第二次ポエニ戦争の最も暗鬱な時期を通しての数に勝《まさ》るローマ軍が動員されたのであった。そしてローマ「帝国主義」についての議論が展開されたのは、東方ギリシアとの数々の戦争の場合であったのはもちろんのことである。ポリュビオスがローマの拡大主義政策を正当化したのは、このような状況からも当然のことであっただろう。

「……私ども『歴史家の』企ての中にいっそう素晴らしい、と同時にいっそう役に立つと読者諸君が見い出すことになるのは何かと言うと、一体全体いかにして、そしてまたどんな種類の政体の効果によって、五三年足らずのうちに『前二二〇年から前一六七年までに』ほとんどすべての人の住む世界が征服され、唯一の権威、つまりローマの権威の下に入ったかを見分け、そして理解することである。つまりどんな先例も誰ひとり見い出していない事実である。」（ポリュビオス、第六巻二章、二節。R・ヴェーユ訳、一九七七年）

けれどもローマはその起源以来ギリシアと東方《オリエント》において覇権を握る意図をもった確信犯、とするのはおよそ見当違いである。第二次マケドニア戦争は、ペルガモンとロドス島の使節たちがマケドニア人の侵略行為に対して前二〇一年にローマ元老院に述べた苦情によって始まったものである。ローマはフィリッポス五世とハンニバルとの同盟を忘れていなかったし、だからこそ危険きわまりない敵との戦争は避けられないこと、そしてそれ故に機先を制す価値は充分にある、と判断した。しかしあまり戦略的とは言えない動機も——たとえば、スキピオ・アフリカヌスに関して若干のローマの政治家たちが嫉妬心を抱いたとか、かつまた彼らが自分の家を再興する好機を失いたくないと望んだとか——やはり排除されないのである。いずれにしても、ローマ軍の作戦は、フィリッポス五世が侵入したギリシアから彼を撤退させるという目的を公式にもったのであり、前一九七年のキュノスケファラエの勝利の後、ティトゥス・クィンクティウス・フラミニヌスは、マケドニア人には自国に帰るよう強制し、アイトリア人の猛烈な貪欲には決して屈しなかったのであった。すなわち、アイトリア人は出来ることならこの勝利からたっぷり利益を引き出したくてうずうずしていた。そして前一九六年六月、コリントスのイストゥミア祭において、フラミニヌスはギリシアの自由を、つまりコリントス人、フォキス人、ロクリス人、エウボイア人、アカイア人、マグネシア人、テッサリア人、ペレーボイ人には彼ら自身の法を許し、守備隊も貢税も強制しないというローマの決定を高々と宣言した。その後、スパルタ王、ナビスはローマにとってつねに危険人物になったが、(1) フラミニヌスはコリントスに集合したギリシア人諸国家の集会の名においてナビスとの戦争を決定した。敗れたナビスは占領していたアルゴス市から撤退しなければならなかったが、しかし彼の王国の頭《かしら》に収まるのであった。フラミニヌスが前一九四年にギリシアから撤退したとき、彼はローマ兵を一兵たりとも後に残さなかった。ギリシア人の諸都市は彼を誉めそやし、彼のために宗教的なさまざまな名誉を決議した。

(1) 彼はペロポネソス半島への領土拡張論の目的を断念することはなく、海賊行為にふけり、そしてとりわけ諸都市の政治を転覆させる行動の先頭に立った。

アンティオコス戦争〔シリア戦争〕

シリア王アンティオコス三世はすでにギリシアの自由都市を奪い取り、トラキアまで進出していたが、ローマが王に対抗して小アジアに干渉したのは、王が抱いたかつてのセレウコス朝の大王国を再建する明白な意図——とりわけペルガモン王エウメネスを犠牲にして——を断念させようと目論んで外交交渉を重ねた結果のことであった。そして実はこの戦争に格好の口実を与えたのは、前一九六年の和平条約の諸条項に不満を抱いていたアイトリア人だった。すなわち、アイトリア人はアンティオコスと同盟し、彼を焚きつけてギリシアに侵入させたわけである（そしてカルキスに駐留するローマの守備隊を虐殺させた）。フィリッポス五世は、アッタロス〔三世、ペルガモン王〕と同盟することを拒否し、ローマ軍がテッサリアを解放し、それからシリア軍を敗走させると、彼らに与《くみ》した。このときロドス島は、それまで保っていた独立を失うのを心配する余り、ローマと同盟関係に入るのを余儀なくされ、実際に海上で重要な役割を果たすことになった。アンティオコスはマグネシアにおいて決定的な敗北を喫し（前一八九年）、前一八八年のアパメアの条約によって小アジア以南においてすべての野心を放棄するよう強いられた。一方、彼の支配下に入った諸都市は、〔ペルガモン王〕エウメネスに貢税を支払う義務があるとされた（そのときロドス人は彼らが自由とされるよう望んだと言われる）。すなわち、ローマは小アジアを支配することなど望んでいなかった。確かにアイトリア人に関するかぎり、彼らの運命は〔前一八九年に〕ローマへ心底から服従するよう、決まったも同然であった。アイトリア人には帝国主義的な意志は——たとえちょっとしたものであれ——一切許されなかったのである。

ペルセウス戦争〔第三次マケドニア戦争〕

フィリッポス五世の息子ペルセウスは前一七九年に王位を継承したが、彼は盟主然むきだしのローマの態度に対抗して、マケドニアがある種自由の保証人になり得る、と大部分のギリシア人に納得させることに成功した。彼のこの度外れた外交上の企ては、〔ペルガモン王〕エウメネスによって——彼は前一七二年にわざわざローマにやって来た——ローマに密告され、ローマ人を充分過ぎるほど不安に陥れたので、ついにローマ人は戦争を決意した。戦争は長引き、ローマにとって困難な戦いになった。とりわけエピロス人とアイトリア人が敵側についたからという理由もあったが、そのほかのギリシア人同盟国が戦争への参加を制限したからでもあった。勝利はルキウス・アエミリウス・パウルスによって前一六八年になってピュドナにおいてようやく得られた。

しかし今回ばかりは、東方《オリエント》のギリシア諸国を徹底的に弱体化させようとローマが断固決意したのは間違いない。すなわち、新しい属州をいくつか作ることは望まなかったものの、結局マケドニア王国は廃され、独立した四つの国（しかしローマに公税《トリブトゥム》を納める義務を負った）に分割され、これらの国は相互に外交関係をもつことが出来なくされた。同じ処置は（三つに分割された）イリュリアに対しても定められた。ローマを裏切ったエピロス人の諸国に関しては、組織的な破壊、それも（一五万人が）奴隷状態にされるという破壊を甘んじて受け入れ、同時にギリシアの至るところから、マケドニア王ペルセウスに好意的であったと疑われた政治家たちがローマに連行されて来た。ポリュビオスもその一人であった。ロドス島はその小アジアの領土を失った。ペルガモン王エウメネスが前一六七年の秋にローマにやって来ると、一人の財務官は王たちがローマの土地に立ち入るのを禁じた元老院議決を読み上げて屈辱的なやり方で王をローマから追い払った。

ローマはこれら東方《オリエント》ギリシアとの戦争によって地中海地域においてその優越した地位を確かなものにしたわけだが、しかしそれだけに止《とど》まらず、巨大な量の戦利品を手にしたのであった。すなわち、その量たるやローマが軍事費を調達するために毎年毎年徴収していた公税《トリブトゥム》が一時停止されたほど莫大であった（その上さらに、戦争賠償金と勝者ローマが課した公税《トリブトゥム》によってもっと増えた）(1)。そして公税《トリブトゥム》が復活したのは、内乱が荒れ狂った時、つまり前四三年のことであった。

（1）したがって毎年の動員の平均値は高止（たかど）まったまま、〔前一世紀はじめの〕同盟市戦争まで六個軍団が動員されていた。

VIII　ローマ文化の開花

共和政も中期という時代に立ってローマ共和政を思い起こして文化史風のスケッチを試みようとすると、それは未完のスケッチにならざるを得ないであろう。すなわち、地中海の住民がローマ共和政の軍団の力を真に知るのはまだまだ先のことになるだろうが、商人たちの手であちこちに広まっていたローマ人の法の規範がいかに優秀であったか、彼らは早くも認めていた。そしてローマ人が固有の貨幣を「考案した」のはこの時代であったことは、〔このような観点から見て〕どうでもよいことでないのは明らかである。[1] 最初期の貨幣〔兜を被ったマルス神／馬の頭とROMANOの銘をもつ型のドラクマ銀貨〕の鋳造は、前四世紀の最後の数十年まで遡《さかのぼ》るが、おそらく一つひとつ違った、いろいろの動機――たとえばアッピウス街道の建設のような――に基づくと考えられる。しかしこのような銀貨の鋳造〔何よりまずアポロンの頭／早足で駆ける馬の二ドラクマ貨で規則的になる〕は、ローマが夷狄《いてき》〔とりわけガリア人〕に対し文明のもろもろの価値を防衛する世界に立ち帰った、と表明したに違いないとき、すなわち、ようやくピュロスとの戦争後のことであった。それからまた彩《いろど》り豊かな図柄の鋳貨――〔数々の難題を見事に解決した〕勝利者ヘルクレス／〔双子に〕乳を飲ませる雌狼――が生まれた。前二六九年の〔ブルッティウムにおいて一人のサムニウム人山賊を退治した〕勝利から得た戦利品の売却益におそらく相当するものだった。ただろう。いずれにしても、もしローマがギリシア諸都市の属国の一つになっていたとして、〔賠償金は地金ではなく貨幣で支払われた事実がそれを立証するように〕ローマは自己の宣伝、つまり共和政のさまざまな価値を伝達する手段として独自の貨幣組織をとうとう手に入れ、そしてすぐに造幣局の管理は女神ユーノー・モネータの神殿〔前一七三年に祈願され、カピトリウム丘の砦《アルクス》に建設された〕に委ねられたのであった。

（1）もちろんギリシア人の貨幣を模範にしてであった。なぜならイタリアにおいて貨幣を鋳造したのは、長いあいだ大ギリシア（マグナ・グラエキア）の諸都市だけだったからである。

ラテン文学の誕生

ラテン文学についての事情はその他のすべての芸術と同様であった。すなわち、ギリシアの手本を完壁に真似るいくつかの段階と、そして抵抗と、〔さらにもっと言うなら〕反動などいくつもの時期を経て、オリジナルな作品が作られるという複雑な動きをした。叙事詩という最も高貴なジャンルを初めてローマに紹介した人としてリウィウス・アンドロニクスの名が挙げられる。彼は『オデュッセイア』を非常に古風な韻律、つまりサトゥルヌスの詩行――現在、それほどよくは知られていない――を使って翻訳したが、彼がこの作品を選んだのは、オデュッセウスの数々の冒険はその一部がイタリアを舞台にした〔彼はそこに何人も子孫を残した〕ものだったと伝説が語ろうとしたことによって説明される。最初の真の叙事詩人ナエウィウスは、その作品『ポエニ戦争《ベルム・プニクム》』をつねにサトゥルヌス風の詩行で謳ったが、それはローマとカルタゴとのあいだの最初の戦争をエピソード風に――彼は実際に兵士の資格でこの戦いに加わった——物語るためだった。彼の『ポエニ戦争』は、その作品から現存する非常に僅かな詩行によって判断する限り、単純な歴史的叙事詩とはとても呼べるものではなく、アエネアスのアフリカ渡航を思い起こすなど、トロヤ人の伝説をこの戦争の中に置き直しているほどである。しかしこの叙事詩はカルタゴの侵入者に対して力をふりしぼって抵抗することを目的とした限りでは、おそらく明らかに国民的な性格をもつものだっただろう。ローマの歴史的な大叙事詩は、エンニウスが前二世紀の初めにギリシア起源の詩行（六脚韻律の）で書いた叙事詩で、彼はそれを『年代記《アンナレス》』と名付けた。タレントゥムからほど遠くないルディエスにおいてギリシア的な環境の中で成長したこの根っからのイタリア人は、大カトーの指揮下に同盟国軍の分遣隊の一人として従軍したとき、彼によって注目され、ローマにやって来てから知識人たちと交わった。彼の一八巻の叙事詩は、ローマの起源の時代からイストゥリア戦争〔前一八三年〕まで及んでいるが、その作品にはギリシア文化の浸透と同時にその作品を彼の新しい祖国（彼は前一八四年にローマ市民権を受け入れた）を益するという願望を証言している。

この国民的な叙事詩は、いわば家から家へと語り伝えたいろいろな有名人の称讃文《エロギア》や宴たけなわに有名人に献《ささ》げられた英雄の歌から生まれたようなものであった。歴史とはこういう類いのもの、つまり同じ材料から育ったもの、年代記の形を借りて——たぶんカルタゴ人の宣伝に応酬するため——生まれたものであった。すなわち、このような特徴はローマの年代記を代表する最初の二人〔ファビウス・ピクトルとキンキウス・アリメントゥス〕がギリシア語で書いたことを一部分（否《いや》、単に一部分だけ）説明するであろう。ローマを強国にしたところの諸戦争を物語った大カトー『起源史《オリギネス》』をもってラテン語の歴史叙述が現われたと言ってよいであろうが、それはようやく次の世代、つまり前二世紀のことであった。しかし著者の大カトーは、歴史家というよりむしろ有能な弁論家であったことは一天の疑いのない事実である（古代の人は、一五〇もの彼の演説を保存した〔残っているのはすべて断片のみ〕）。

もしラテン文学が非常に早期にその輝きを放ったジャンルがあったとすると、それは戯曲である。祭祀の性格をもついくつかの芝居が上演され、(1) このような劇の上演から風刺詩《サトウラ》が生まれた、と分かる。風刺詩は一種のこんがらがった筋の作品で、以後そのような作品のせりふは覚えられるようになる。劇の筋を書き留めておくという考えがいつしか入り込んできて、風刺詩は物語劇《ファブラ》に取って代わられた。このような劇の最初の上演は、リウィウス・アンドロニクスの悲劇の上演であったに違いない。すなわち、その劇の主題は——前二四〇年のローマ祭のときの劇のように——トロヤをめぐる叙事詩の環《エピック・サイクル》に関係したものだった。ナエウィウスは、〔彼もまた〕ギリシア風の戯曲《グラエカ》（ギリシアの喜劇から想を得た通俗劇《ファブラエ・パリアタエ》）ばかりでなく国民的な主題に拠った作品群（大人の物語劇《ファブラエ・プラエテクスタタエ》）で名を上げた一人だった。彼の後では、エンニウスと彼の甥パクウィウスが同じく有名になった。パクウィウスについては、彼がピュドナの勝利者〔アエミリウス・パウルス〕を称讃するためローマ風の悲劇を書いたことが知られている。しかしわれわれはプラウトゥスとテレンティウスの作品群の一部を保存しているので、喜劇についてはもっとよく知っているのである。この分野においてもその道を開いたのは、リウィウス・アンドロニクスであった。彼につづいたのがナエウィウス。ナエウィウスはプラウトゥスに非常に近かったと思われるが、プラウトゥスは狭量なギリシア人《グラエクルス》ではなく、ウンブリア人で、ギリシア喜劇をローマ化した人だった。すなわち、彼は自分の作品群に独特のリズムを与えるとともに、彼の作品群はそのあふれるような庶民的な生彩を放ったのであった。彼の後継者のうち、カエキリウス・スタティウス（キケロによると、最も偉大な喜劇作者）とテレンティウスは、登場人物の心理に磨きをかけた人たちで、彼らの作品群には道徳的な討論が再現されていた。

（1）上演に際し書きなぐったように描かれた登場人物は、非常に粗野な調子で次々と冗談を言い放った（フェスケンニア〔エトルリアの町〕式の詩行と呼ばれるもの）。

ローマの栄華を空間的に整備する

そのときローマ市に文学が華々しく開花したのであるが、そのような文明開化はその栄華にふさわしい建築の枠組みを手に入れようと動き始めたどの町にも起こるものだった。なるほどずっとこの時代を覆ったのは、ピュロスに対する、カルタゴに対する、また東方《オリエント》に対する戦争であった。このような時代であったことを証明する重要な建築工事は、明らかにまず実利的な性格をもったが、しかしまた、それら建築工事がすでに帯びた都市化の代表例を研究するのを可能にしているのである。すなわち、下水渠による下水の処理とか、通りの舗装とか、しかしまた牛広場《フォルム・ボアリウム》とそれを囲む埠頭を七メートルの高さに嵩上《かさあ》げしてティベリス川の増水〔頻繁に起こったばかりでなくローマ市を非常に危険にした〕から守ることなどがそれであった。そして牛広場と埠頭の地域は、エンポリウムのために取って代わられ、その通商の機能の一部を失った。エンポリウムは少し下流の、新しい通商港で、巨大な倉庫群（二九四本の柱で支えられたひと続きの広間がその場所を占め、広さは約三ヘクタールあった）を備えていた。牛広場はと言うと、家畜の取引所の役割を奪われ、取引は近くに位置した食料品市場《マケルム》一か所に集められてしまった。そして前一八四年と前一七〇年のあいだに、三つのバシリカ（公共の空間としてその形状が定められた）が建設されたのは偶然とは言えない。これらの建物は紛れもなくローマの威信を示す活動そのものであって、その数は既に多数に上っていた。それを証言するのは、フォルニケス、つまり牛広場かあるいはカピトリウム丘の上に置かれ、後に「凱旋門」と呼ばれた（それはとりもなおさず牛広場が新しい使命を与えられたことを表わした）。次がフラミニウスの競技場の建設で、そこから凱旋式の行列が出発した。最後にカピトリウム丘の上にはタレントゥム市から手に入れたヘルクレスの巨大な像がつねにそびえていた。なるほどこの時代に建設されたこれら建物群のどれ一つとってもギリシア建築の趣味の良さを感じさせるものは何も無かったに違いない。そしてギリシア人がこの分野に示した優秀さを目の当たりにしてローマ人がくやしがったのは確かだった。たとえば、執政官ガイウス・フラミニウスはみずから幸運《フォルトゥナ》の女神に約束した神殿の屋根を葺《ふ》くために、ブルッティウム市の女神ヘラの神域から大理石製瓦を取り外させたが、彼のそのような態度によく現われていた。しかしこれらの場所はいずれもそれ以後もまだ専門化の途上にあった場所、つまりローマ共和政が栄華の印を受け入れる準備中の場所であった。

第三章　栄光と悲惨

I　これは別の国民か？

土地の危機

紀元前二世紀のローマは、社会的に見ても政治的に見ても、一大危機のまっただ中にあったが、そもそもその原因はローマが征服に成功した事実にあった、と古代の史料は見ている。すなわち、ローマ人はその政治を運用するに当たって、確実に動員できる大量の男たち〔中小の土地所有者〕を予備兵として思う存分に使うことができたが、第二次ポエニ戦争とその後につづいた大量動員の結果、中小土地所有者はもはや自分の土地を引きつづき耕作することなど不可能になっていた。彼らは武装兵として非常に長期にわたり軍隊勤務を余儀なくされていたのである。すなわち、多くの軍団は連続して十年間〔またはそれ以上の期間〕、軍務に従事した。アレクサンドリアのアッピアノスは、その『内乱記』をローマ社会の危機で説明を始めているが、ローマの兵士は、〔アッピアノスによると〕しばしば土地を失ってしまい、もはや土地を耕作する手段をなくしたか、もしくは借財を返済するため、はやくもその土地を売却せざるを得ないか、あるいは近隣の大地主の暴力的な手段によって先祖伝来の土地から追われてしまっていたかした。いずれにしても、こうしてある型の農業の大所領が形成されたと思われる。大所領の労働力としてとくに好まれたのが、奴隷の労働力であったが、もう少し正確に言うと、奴隷は軍隊に勤務する義務を免除されていたから、彼らを使った土地利用が妨げられる心配はなかった。

実際にこの問題は、間違いなく若干の用語上の難問を提起した。ハンニバル戦争は、多くの破壊を――とりわけ南イタリアにおいて――引き起こし、その結果、住民の大量移動が付随して起こった、と言われてきたが、前二世紀のあいだに起こったのは、もはや中小の土地所有者には生き残る途《みち》はほとんど断たれたに等しいということであった。しかし彼らは前一世紀においてもなお確実に生き残ったことは間違いない。したがって関連する問題が二つある。まず第一に、市民が執拗にその粘り強さを見せたため、兵士が本物の職業軍人になったことであり、第二に、秩序が回復された後、大量の公有地が自由に利用され、またハンニバルとの大規模な戦争が終わってみると、ローマはイタリア内の土地を大量に没収していたことであった。

この時代の兵士について――確かに、すでに職業軍人と呼んでよいだろうが――最も有名な例は、ティトゥス・リウィウスが執政官リキニウス・クラッススを前にして物語らせた百人隊長である（リウィウス、第四二巻三四章、二〜一三節。前一七一年の記事）。

「私はクルストゥミナ区のスプリウス・リグスティヌスと申します。私はサビニ地方の出身で、父は私に一アルパン〔一ユゲルムに相当〕の土地と小さな小屋――私が生まれ、育てられ、今日まで住んでいる――を残してくれました。私が年ごろになるや、父は私にその兄弟の娘を妻として与えてくれたのです。実際に彼女が嫁資として私に持って来てくれたのは、その自由な出自と純潔と、そしてそのほかに多くの子供を産んでくれたことでした。それは家族を増やしてくれるのに充分過ぎるほどでした。私どもには六人の息子と二人の娘が生まれ、何人かは既に結婚しています。四人の息子は既に成人していますが、二人はまだであります。私は従軍をプブリウス・スルピキウスとガイウス・アウレリウスが執政官の時〔前二〇〇年〕に始めました……。数年のうちに、私は四回最前列隊員に選ばれました。軍司令官は三四回私の勇敢な行為のために褒美を私にくれました。私は六回『市民冠』を受けました。私は二十二年間軍隊に勤務し、五十歳を越えています。たとえ私はまだ私のすべての時間を終えていないとしても、また私は従軍から解放される歳ではないとしても、しかし、私にとって代わる四人の兵士〔その一人はプブリウス・リキニウスである〕を提供できます。私は当然休暇をもらってよいと思っています。しかし以上述べたことは、私の大義を守るために申し述べた、と皆さんは考えていただきたいのです。私の個人的に関心のあることを申しますなら、徴兵の任務を負った政務官は私を従軍するに適格と判断する限り、私は言い訳などいたしません……。」

ローマはその切り開いたすべての前線にわたってみずからの存在を確実にするため、リグスティヌスや彼の息子のような男を必要とし、それゆえにローマには彼らが土地に「腰を据える」、つまり伝統的な小地主のモデルに基づく地位を彼らに確約してやることが是非とも必要であった。そのような地位は、彼らが結婚をし、子供をもち、各自に最小の財産の所有を許すことを可能にすることであった。ローマの秩序を命がけで守ってきた男たちを根無し草にしない、というはっきりとした決意があった。なぜなら、いずれの徴兵も戸口・財産調査《ケンスス》に基づいてずっと続けられ、財産の所有を最少の要件にしたのであった。第二次ポエニ戦争のとき、最下級の市民と無産市民とを分かつ限度を一万一〇〇〇アスから四〇〇〇アスに引き下げたが、それはやむを得ない処置であった。そして明らかにリグスティヌスは、既にその父と同じく財産資格の最も端に位置したに違いない。同時に、もっと正確に言うと、彼の誠実さを含む模範は、土地所有のモデルであって、長年の遠征の後に彼らが果たした従軍に相応《ふさわ》しい保証をこうした人びとに提案してやる必要があった。こうして、カルタゴとの戦争が終わった後、ローマはサムニウム地方とアプリア地方において占領した土地に三万から四万人の老兵を定住させ、軍隊勤務一年につき二ユゲラの土地を彼らに与えた[(1)]。こうして、兵士は「職業軍人」として市民社会に再び統合され、しかも老兵一人につき平均して二〇ユゲラ余りの土地を得たのであった。それは三万人のために一五万ヘクタールという巨大な手持ちの土地を必要としたのであった（しかし残る土地は〔少なくとも形の上では〕公有地《アゲル・プブリクス》のままに置かれた）。

（1）これらの兵士は海外で〔つまりアフリカ、スペイン、サルデーニャ島、シチリア島において〕従軍してからというもの、戦争のあいだ中は一度も生まれ故郷の地に帰っていなかった兵士たちであっただろう。

　さて、正確に言うと、このような信望の模範は土地を所有しているかどうかにあったから、征服ないし通商から生まれる利益は、〔かなりの量に上ったが〕また征服あるいは通商に注ぎ込まれる傾向にあった。そしてこの時代には前にも増して公有地《アゲル・プブリクス》への非常に強い要求があったと確認される。その理由としては、〔正確に言うと〕土地の占有《オクパティオ》を制限する厳格な規制を発布しなければならなかったことが挙げられる。市民は原則として四〇〇ユゲラ以上の公有地《アゲル・プブリクス》を占有できなかった（子供一人につき最大一〇〇ユゲラが加算された）が、さらに割り当てられた一定数の家畜であれば放牧可能な表面積が占有地に加えられたに違いない。もしこのような制限が発布されたとすると、その理由は、〔正確に言うと〕占有地は実際に制限をはるかに大きく超えていたに違いないし、占有者はこれらの土地が依然として国家の財産であったことを多分忘れる傾向にあったからである。

以上のことから、危機は――たとえあったとして――多分に土地の危機ではなかったということになるだろう。なるほど一般にイタリアは、そしてとりわけ地方の中心都市はなおのこと、長年にわたり食料の欠乏を経験して来た。しかし危機の原因は景気変動によるものであった。すなわち、この国は依然として生活の資として肝心要《かんじんかなめ》の穀物を生産する国であった（輸送の困難は付随的な理由にすぎなかっただろう）。そして海外からの輸入は目的としては軍隊と中心都市へ食糧を供給することだけであった。それゆえ小地主を破滅させたと言われる穀物流通の崩壊を想像することはできない――それでもしばしばその所為《せい》とされたが。たとえこの種の型の耕作がその収穫高をほどほどの所まで引き上げていたに違いないとしても（平均して種子の四倍と見積もられる）、他の型の土地利用でもっと儲かっていたものがあった。すなわち、小低木、つまりオリーヴとぶどうの木の栽培――この時代にはかなりよく発展していた――そして牧畜である。牧畜は古代の人の目にさえ最も有利な土地利用の形と映ったのであるが、前二世紀のあいだに危機が進んだのは、〔正確に言うと〕イタリア中南部の地域において実施されたような（広範囲の）牧畜をめぐる危機であった。すなわち、とてつもなく巨大な領域〔明らかにその大部分は公有地から成っていた〕において実施された牧畜は、非常に多数の、そのほとんどが元奴隷の羊飼いによってよく統率された羊の大群の移牧に基づいていた。

奴隷制

奴隷労働力の展開は、そもそもイタリアの農業を発展させたもう一つの特徴であった。すなわち、この事実は前一世紀に関して（とりわけぶどう栽培に特化した大規模な農場《ウィラ》に関して）立証されているが、しかしそのような農場《ウィラ》の発展は過去に遡ってみなければならない。ローマが前二世紀を通じてずっと巻込まれ続けた戦争は、古代のすべての戦争に起こったと同じく――しかもおそらくさらに大規模に起こったのであるが――敗北した国民を奴隷にする格好の機会だったのである。そしてそのような悪循環はこの世紀全体を通じて長く続いた。とりわけひどかったのはマケドニアにおいてであった。すなわち、ローマは新しい紛争が起こるや、アンドリスコスに刃向かって紛争に介入し、この国を属州の地位に落とした（前一四八年）。しかし悪循環はまたスペインでの戦争のあいだにも（その戦争は、前一三三年、新《カル》カルタゴ《タヘナ》の陥落でもってようやく終わったが）、最後は、アリストニコスの反乱を抑圧し、前一二九年、小アジアをローマの属州の地位に落とした時にも起こった。さらに真の意味での奴隷の国際的な取引が地中海で発展したこと、そして商人たちは奴隷を買い込むためにいくつかの場所〔たとえばデロス島〕へやって来ることもあり得たこと、などを付け加えるべきであろう。しかもこのようなおぞましい現象が和《やわ》らぐことは絶えてなかった。というのは、ガリア各地での戦争によってカエサルは一〇〇万人のガリア人を奴隷にすることが出来たし、また彼の時代にローマ国家が奴隷の解放に課した二〇分の一税は、国庫の重要な財源の一つになったからである。

ローマに輸入された奴隷の数はどれほどであったか、それを正確な数字で示すのは明らかに不可能であろう。なぜなら、戦《いくさ》の勝敗が決したと知らされた場合でさえ、軛《くびき》を首に掛けられた多数の男たちの行く先がどこか、めったに分かるものではなかったからである。イタリアへ「連れて」来られるのか、その場で、または近くの市場で売られるのか、あるいは直ちに自分の家族によって買い戻されることはあり得るのか？　しかしローマやイタリアの奴隷人口は他の地域に比べて多数に上ったかどうか、それを計算することはまた困難である。この問題はただ奴隷反乱の数の多さとか——シチリア島のエウヌースの反乱（前一三五年から前一三二年まで）のような——あるいは解放奴隷を政治的に統合する問題によってようやく判断が得られるのである。なぜなら前一六九年、監察官は解放奴隷をローマ市の四トリブスへ編入する決定を下したが（解放奴隷が全体でもつ政治的な重要性を無力にするため）、五歳以上の私生児（しかも養子でない）をもつ者、農村に三万セステルティウス以上の価値の財産を所有した者は除かれたからである。奴隷の割合は農村の環境と都市の環境とではやはり明らかに違っており（後者ではほぼ三分の二）、そしてその上に奴隷が解放されるチャンスは都市の環境にある方がずっと多かったのである。[1] 言い換えると、奴隷の地位は均一ではなく、そして奴隷の割合はイタリアの総人口の四〇パーセント（又は約三〇〇万人）であった——まことに驚くべき事を報告することになるが——と確認することで満足するほかないであろう。すなわち、一人のアフリカ人の若者を彼の主人〔テレンティウス・ルカヌス〕は行き届いた教育を授け、そして解放してやり、やがてこの若者はスキピオ・アエミリアヌス〔小スキピオ〕の文学サークルに足繁く通うインテリの一人となるが（それがテレンスであった〔テレンティウスのフランス語表記〕）、この彼とスペインの鉱山において惨めな生涯を終えた数え切れないほどの無名で不幸な人びとの中の一人とは同じ人間ながらこうも違ったのであった。

（1）三十歳に達していた者の三分の二が解放の恩恵に浴すことができたが、一方で農村の環境では、解放を望み得た奴隷はせいぜい一〇人に一人の割合であった。

もう一つ残っている問題がある。ローマは紛れもなく都市と呼べるものであったが、そのローマにとって解放奴隷は非常に大きな比重を占めたことを考慮に入れると、奴隷というのはいわば仮装の市民、言い換えると、集団でローマ化するのを義務とした異邦人《バルバロイ》を代表したのである。なぜなら奴隷が人間として存続する途《みち》は彼らが——たとえ一部分なりと——うまくローマ人に溶け込めるかどうかに懸かっていたに違いないからである。その意味で奴隷制度は「自由への準備課程」（J.-C. Dumont, 1987, p.40）と理解された、と言ってよいかもしれない。

Ⅱ　理想の共和政

周知のように、ギリシア人ポリュビオスは人質としてローマにやって来て、スキピオ・アエミリアヌスのサークルに足繁く通った後、なぜ自分と同じギリシア人が異邦人《バルバロイ》のローマ人に敗れたか、ギリシア人に向かって多くの理由を説明しようとした。彼はその著『歴史』第六巻において長い報告をローマ人の国制の優秀さに捧げている。したがって彼は三つの政体（王政、貴族政、民主政）を規範となるタイプ――「純粋な」とも言っている――に分類し直して、さらに続けて、ローマ人の組織を独創的で優越したものにしたのはまさにこれら三つのタイプを組み合わせた結果であった、と説明した。

「それゆえこうして三つの要素はローマ人の国制においてたえず権力を持ち続けた、つまり私が前に示しておいたすべての要素であった。三つの要素の行動によって、すべてのことがそれぞれに組織され、公正で適切な方法でもって処理されたので、誰も〔この国の人びとのあいだでさえも〕その政体の全体が貴族政的であったか、民主政的であったか、はたまた王政的であったか、確実に言うことはできないだろう。しかもこのような困惑はまさしく当然のことであった。なぜなら執政官の権力を考えてみるに、その政体はまったく君主政的で王政的に見えたからである。しかし元老院の権力の基には、〔今度は〕貴族政があった。そして最後に国民の権力を考えてみるに、それは、〔はっきり言って〕民主政と思われた。」（ポリュビオス、第六巻一一章、一一～一二節。R・ヴェーユ訳）

あらゆることは放っておくと自然に腐敗堕落するものであるが（君主政と寡頭政と衆愚政に堕しがちであった各種の政体もそこに含まれた）、ローマ人の国制はそれに対してより好ましい抵抗が出来たのは間違いなく、そしてまたローマの国制がほどよく均衡を保ったと同時に歴史的に発展を続けた点で格好のモデルになり得たのは、この「混合した」性質にあった、というのはまことに正鵠《せいこく》を射《い》ているのである。

この際やはり重要なことは次の二点であろう。すなわち、ポリュビオスはローマ人の制度を述べる際に、スキピオ家の取り巻き連の集まりにおいて彼が見聞《みき》きした知的な討論を再現したに過ぎなかったこと、そしてキケロが――一世紀後に――『国家論』と『法律論』の二書を著したとき、彼もまたそれらの討論に逐一《ちくいち》従ったに違いない、ということである。つまりキケロはその著で伝統的な分類を繰り返し述べ、ローマ人の制度が複合した性質に基づく優れた制度であったという考えに立ち戻っている。彼は次のように結論した。「すべての国家形態の中で、最も完全な形態は、古い時代からわれわれのものであった」と（キケロ『法律論』II、23）。

それはそれとして、キケロは彼が語ったモデルはもはや彼の時代には機能しなくなっていた理想のモデルだったことを〔正確に言うと〕知り得ないわけではなかったのである。すなわち、ローマ人の制度はポリュビオスの時代以後退廃し始めた、というのはまさしく正しいのであった。このような社会的不満を生み出した複雑な原因のすべてを分析するのは明らかに難しいが、しかしさまざまな社会的均衡に修正の手が加えられた以外に——われわれはやがてそれらを思い起こすことになるが——スペインにおいて多くの軍事的な難問に遭遇すると、それが原因で徴兵に対する非常に強い抵抗に遇い、そしてそれ故に、執政官とその他の無能な軍団長に対して一斉に告発の矢が放たれたのであった。これに加え、幾人かの属州総督の破廉恥な振る舞いがあり、彼らに対して訴訟が起こされたが、それに勝るとも劣らない破廉恥な無罪放免が総督に対しなされた、と付け加えるのが望ましいのである。このような訴訟の結果、前一四九年に至って属州総督の汚職を裁く最初の常設法廷《クアエスティオ》を創設する法案が通過したが、この措置は法的な面で重要であった。なぜならそのような措置は、さらにその後数十年を経て一般化されるはずの司法制度を予告するものだったからである。しかしまたそのような措置によって政治の分野で常設法廷《クアエスティオ》の構成をめぐる新たな闘争の時代の幕が開《あ》くことになったのである。と言うのは、この種の法廷の陪審員を元老院議員の手に委ねるべきか、それとも自身では属州総督の要職に就くことができなかった人びと、つまり騎士階層から陪審員が任命されるべきか、それをはっきりさせることが必要だったからである。この問題はいくつかの新しい常設法廷《クアエスティオ》が創設されたとき、うかつには手が付けられなくなった。すなわち、激しく敵対する個人ないし党派のあいだの政治的な打算のために告発者を通じてのみ——彼らは訴訟に勝った場合に得るであろう莫大な報酬に惹き付けられた——解決されたに違いない。それでも権力の行使に際して自ずと反省することは絶えてなかった。なぜなら、多くの醜聞はその後もなお新聞ネタを提供したからである。とりわけ有名なのがシチリア島におけるウェレスの属州管理にまつわる醜聞であった。キケロは前七〇年に彼を有罪とすることに成功した。

いずれにしても、このような政治的危機はグラックス兄弟の改革で爆発することになるが、また古代の史料は多くの内乱〔共和政の終わりを血を血で洗うあの激しい内乱〕の開始をこの瞬間に遡らせている。兄のティベリウスは、前一三三年度の護民官職を、弟ガイウスは前一二三年度と前一二二年度の護民官職を任されたが、この二人の若き貴族[1]は伝統的に軍団兵徴集の源であった中小土地所有者の階級を再建する事業に取り掛かった。それゆえティベリウスは、公有地《アゲル・プブリクス》の占有制限を新たに行ない、最貧層の市民にも公有地を配分するため、それまでに不法に占有された土地を取り戻し、土地再配分の任務を負った三人委員会《トリウム・ウイリー》を新設する土地法《レクス・アグラリア》を通過させた。これに対する抵抗は、ローマにおいては勿論、またイタリアにおいても、非常に激しかった（というのは、公有地の占有者はすべてがローマ市民とは限らなかったのである）。ある家の場合、既に数世代にわたり、このような土地を占有しており、国家による土地の回収は、彼らに強制収用と受け取られたのであった。なるほどティベリウスの法は、民会を通過しており、法の適用を開始してよいと承認されていたが、ティベリウスが翌年に二度目の護民官職に立候補することを望むや、激しい反動を引き起こした。すなわち、大神官スキピオ・ナシカに率いられた政敵たちが組織した市街戦の際に彼は仲間とともに虐殺された。ティベリウスが採った方策は、時代錯誤であり、かつ経済に反していた、と誰もが形容できたと容易に考えられるが、しかし提案者の死後も、〔しばらくのあいだ〕引き続き実地に適用され、それからようやく休眠状態に入ったと思われる。いずれにしても、ガイウス・グラックスが護民官になるとともに〔前一二三年〕、兄の土地法《レクス・アグラリア》の構想は継承されたが、しかし思いの外大規模なひとまとまりの各種法案になっていた。ガイウスが可決させた土地法は兄の土地法の各種規定を、〔最も重要な点に関して〕再提起したものであった。(2) しかし彼はまたその他にいくつかの重要な法案を採択させた。すなわち、一つは穀物法《レクス・フルメンタリア》で、ローマ市に居住する市民一人ひとりに毎月大桝一杯の小麦を割引価格で配給する体制を整えたのであった。もう一つが司法に関する法で、それは常設法廷《クアエスティオ》の陪審員〔元老院議員が半分、騎士階級が半分で構成〕のリストを創設する法である。それからガイウスは市民権を一部のイタリア人に授けてローマ市民のさまざまな特権に与《あずか》らせようと望んだのは確かのように思われる。彼は前一二二年度の護民官職に再選させることに成功したが、しかし彼が翌年もまた新たな「任期」を欲しがり、とりわけカルタゴ植民を認めさせようと腕力に訴える決意を固めるや、元老院はある種の非常事態にあって一つの決議――それはやがて最終元老院議決《セナトゥス・コンスルトゥム・ウルティムム》となるはずのもの――を票決したのである。すなわち、ガイウスと別の護民官、マルクス・フルウィウス・フラックスの首級《しゆきゆう》には同じ重さの金の賞金が懸けられ、そしてそのとき彼らの仲間全員が虐殺された。前一二一年の執政官、ルキウス・オピミウスは、フォルム・ローマヌムに和合《コンコルディア》の女神の神殿を再建した。

（1）その父は執政官と監察官の経歴があり、また母を通じて大スキピオ・アフリカヌスの孫で、ギリシア人の文化と哲学が身に染み込んでいた。

（2）しかし彼が配分を予定した土地はずっと重要な土地であった。そして彼は植民市を、とりわけカルタゴゆかりの地に建設しようと計画したが、そこは同市の破壊の際「呪われた」土地と宣告されていた。

III　不安定な均衡

前二世紀の政治

　続く時代はわれわれが政治家個人について少しばかり詳しく知るようになる時代であった。そんなわけで、すでに政治家のあいだで同盟が結ばれて、「保守派」、「改革派」、「革命派」が結成されていたに違いないと想像されている。実はずっと以前よりこのような同盟を再構成する試みはあったが、しかし正確に言うと、前二世紀の終わりは、有力な一つの家、カエキリウス・メテルス家によって支配された時代であったから、人びとは一つの誤った考え――すなわち、「政治的階級」は閉ざされた全体という――について話していたわけである。さて、前二四九年から前五〇年までのあいだに選ばれた執政官のうち、三五パーセントはそれ以前の三世代のあいだに執政官になった直系の祖先をもたず、また執政官になる息子をもったのはたかだか三二パーセントであった。このような数字は法務官について見るとさらに低いことが確認される。このような数字上のデータから言えるのは、ローマの元老院議員は官職貴族層を形成した、つまり国民によって選ばれた（元老院議員の大部分は元政務官だった）と立証されるので、近代の世襲貴族とは全く無関係だったことである。しかしこれら数字は、このエリート層が優れてその移動性を特徴とした、とわれわれに示している。すなわち、執政官を六世代にわたりずっと出し続けたと誇ることができる家は非常に希であったという点で〔たったの四パーセント。それは正確に言うと、カエキリウス・メテルス家であるが〕大きな移動性を特徴としたとわれわれに示す一方で、執政官を出した家の四七パーセントは政治の場面で表に躍り出たのも束の間、短命にして消え去ったのであった。

その上、この時代のローマの貴族層にあって、個人の、あるいは家集団の同盟関係、ないし親類関係を的確に述べることに私たちは意を注いできたわけだが、そのような関係は政治的なグループ分けに確かな根拠を〔長いあいだ信じられてきたほどには〕与えていない。すなわち、最近の研究が示したところによると、ある一人の貴族は複雑なネットワークの全体の内側に巻き込まれていて、彼はしばしば矛盾する義務に無理矢理従わされたが、それゆえに彼は〔この事実から〕完全な選択の自由を取り戻せたのであった。言い換えると、このような政治的機能の分析のためにプロソポグラフィー研究に根拠を置くことはできないのであるが、それはとりもなおさず、ある執政官の家の関係についていろいろと知っていることを分析しても、それによって彼をめぐる政治的な「党派」を再構成することなど出来ない、と言いたいのである〔その上、それは党派が存在したことを決して立証しない〕。しかしたとえ私たちがローマの政治生活を権力の座にある者から再構成することは出来ないとしても、ローマがアフリカで、そしてガリアで、はたまたイタリアにおいても難問を味わうたびに、それは政治の混乱となって跳ね返ってきた、と非常にはっきり証明されているのである〔以下の三つの小見出しの項を参照〕。

ユグルタ戦争

ローマが図らずも北アフリカ西部に介入する羽目になったのは、ユグルタがヌミディア王国の全部を奪おうと決意して、前一一二年にキルタ市〔王位の正当な要求者の一人がそこに難を避けて逃れて来ていた〕を占領し、たまたまそこにいた多数の「イタリア人」を虐殺したときであった。前一一一年の執政官と彼の顧問団は、急きょアフリカに派遣され、ユグルタの要求をかなえてやり、したがって元老院に対しては困難で高くつく恐れの大きい戦争に巻き込まれずにユグルタと条約を結ぶようこれ弁解に努めるのであった。しかし彼らは腐敗堕落の罪で告発され、護民官の一人はユグルタ本人を証人として召喚した。初めからそうなると分かっていたことであるが、ユグルタが証言する筈はなかった。彼が前一一一年の使節団を買収したのは確実だった、という見解を補強したも同然だった。それどころかユグルタはローマ滞在期間を利用してヌミディアの王位を正当に要求していたもう一人を暗殺した。前一〇九年の執政官カエキリウス・メテルスが到着するまで、この戦争の最初の二年間というもの、災厄続きであった。メテルスはおそらく——もし彼の副官《レガトウス》ガイウス・マリウスがうまく立ち回らなかったなら——軍事行動を首尾よくやり遂げていた筈であった。すなわち、マリウスは元老院に報告して、増援軍の派遣を要求するためメテルスによってローマへ派遣されていたが、その機会を好機とばかり、〔すでにローマに帰っていた商人たち、あるいは数か月の長きに亘り動員を解除されていた兵士たちを使って〕メテルスはぐずぐずと事態を長引かせている、と告発させて、彼が仕掛けた宣伝の成果をまんまとせしめたのである。マリウスは自分を執政官職に選ばせ、メテルスに代わって軍司令官に任命されることに成功した。彼の遠征は、効果と清廉という趣意ではとりわけ目立って逞しいものがあったとはいえ、正確に言うと、前任者メテルスにはその二つがなかったのは確かと思われるいろいろの悪徳——すなわち、貪欲や無知蒙昧や思い上がりなど——にとって代わるものだったに違いない。いずれにしても、元老院がマリウスに対して補充兵の徴集に取りかかるよう許可を与えたのは、おそらく彼を支持した人びとの激しい熱気を多少は冷ましたかったからであろう。マリウスは裏をかいて罠を仕掛け、志願兵〔大部分が無産の市民〕を兵籍に登録した。つまり彼らは原則として軍団には受け入れられなかった人たちであった。マリウスは彼らに莫大な戦利品と彼らが戦地から帰還する際の土地配分とをちらつかせたのであるが、それは無産市民に従軍するよう促した最初の措置ではなかったというのが実際だったようで、むしろ例外の措置を是非とも必要としなかった状況下なのに、そういうことが行なわれた最初の例であった。いずれにしても、この徴兵は、〔以前より考えられてきたのとは違い〕重大な結果をはらむものではなく、また「改革」でもなかった。実際にその後も軍団の徴兵は兵役登録《ディレクトウス》という伝統的な手続きに従って行なわれた、つまり戸口・財産《ケンスス》調査の等級内にある男たちの選抜を意味したのであった（もっとも徴兵可能な最低の資格財産額は、おそらく数年前にまたも一五〇〇アスまで引き下げられていたが）。マリウスはこのアフリカの戦争を一部は若き士官《レガトウス》コルネリウス・スラのおかげもあって——彼はユグルタを捕虜にした——終わらせた。

キンブリ族とテウトネス族の侵入

国内の均衡が変化したのを実感させたのは、キンブリ族、アンブロネス族、テウトネス族という遊牧民が南ガリアへ、次にイタリアへ侵入して別の大きな戦争が突然起こったからであった（彼らは二五万人から三〇万人の移住者で、そのうちのほぼ一〇万人が戦士）。ローマは恐怖に襲われ、ガリア人とギリシア人の男女一組ずつを生き埋めにする恐ろしい犠牲式をまたもや始めるが、また同時に、アフリカにおいて敵を打ち負かしたあの男の力に訴えた。すなわち、マリウスはそれゆえに五年つづけて執政官職に選ばれた（前一〇四年から前一〇〇年まで）。ローマ人は北から来たこれら野蛮人の悪しき思い出を忘れていなかったばかりか、その他にも前一〇五年には、執政官と執政官代行《プロコンスル》は、「彼らはどちらか他の一人が決定的な勝利を勝ち取ることだけは何としても妨げたいとだけしか考えずに」オランジュにおいてローマ軍の二個軍団、約八万人が虐殺されるのを許したのである。ローマ共和政の歴史上異例のことながら、二人の軍司令官は免職になり、最終的に有罪を宣告された。この時、事態は急を告げていた。ローマは同時に二つの奴隷反乱を鎮圧しなければならなかった。最初の奴隷反乱は、カプアの地において起こり、次の反乱は——それよりはるかに重大であったが——シチリア島において起こった（反乱を鎮圧するのに三年を要したほどだった）。蛮族の侵入の危機に付随したことであったが、マリウスはこの事態に一切の責任を引き受け、軍隊を組織し直し、訓練を終えた後、テウトネス族をエクスにおいて敗北させることに成功し（前一〇二年）、それから「クイントゥス・ルタティウス・」カトゥルスと合流して、キンブリ族をヴェルセイユにおいて打ち破った（前一〇一年）。ローマはもはや何も恐れることはなかったが、しかしローマが陥ったこの極端な危機によって、ローマは何事もすべてただ一人の人間、マリウスの好きなようにさせることになった。彼は自分の運動に加わった護民官たちの仲介でいつでもローマにおいて民衆に「動員をかける」ことが出来たので、彼の再選も彼の老兵のアフリカ定住も確実に手にした。しかしこのような世論の操作は、紛争なしでは済まされなかった。すなわち、彼の主立った二人の支持者〔護民官サトゥルニヌスと法務官グラウキア〕は、国制上の慣習に背いてグラウキア自身を執政官に選出させるよう望むと、いくつか小競り合いが起こり（これらの小競り合いで、執政官職の立候補者の一人が死んだ）、そしてマリウスは、〔大きな反動に直面して〕仲間たちを見捨て、そしていいかげん彼の仲間たちとはけりをつけたいと心に決めていた人たちと手を結んだ。彼の仲間たちは虐殺された。

同盟市戦争へ向けて

これらの悲劇的な諸事件に続く十年間は、もはやひとときも静かな時どころではなかった。紛争の火種はイタリア人から起こった。ローマ人と同等の権利を獲得したいという彼らの圧力は、徐々に強まっていたのである。そのような要求を掲げた宣言のうち、早いものは既にグラックス兄弟の時代に現われたように思われるが、前一二五年に、フレゲラエ〔古《いにしえ》のラテン植民市〕はローマ市民権を手に入れていないと言ってローマに対して武器を取って立ち上がった。そして同市は占領され、徹底的に破壊されたのであるが、しかしそのような要求が消えてしまった訳ではなかった。この時代にフレゲラエに続く植民市が現われなかったとはいえ、フレゲラエの反乱は、政治的に成熟をなし遂げたイタリア人が次にどういう態度をとるべきか、実に多くの教訓を残したことは疑いない。ハンニバル戦争が終わってからというもの、ローマ人とイタリア人とのあいだに溝は徐々に深まっていたが、イタリア征服から得られたものが等しく分け与えられなかったのが最も大きな理由だっただろう。すなわち、戦利品の配分に際して、同盟者《ソキイー》が受け取る分け前は次第に少なくなったのに、彼らに課された動員は、〔それに反して〕はるかにいっそう重くなった、と確認される。(1) またとくに次のような事実もあった。すなわち、軍事的な出費を賄《まかな》うのに役立てられた租税の一種、公税《トリブトゥム》はもはやローマ人のあいだでは徴収されなくなったのに対して――征服の成果から市民はそれを納めるのを免除されることができたからで――スティペンディウム、つまり公税のイタリア人版は引きつづき同盟者に支払いが求められたのであった。こうしてイタリア人には動員が多くなった分、彼らの負担はますます重くなった。このようにいろいろと不平等があったのに、ローマ人とイタリア人は、〔イタリアの外ではなおさら〕他の諸国民との関係で同じ威信を享受しただけに、いっそう際だって苦々《にがにが》しく感じられた。最後に、グラックス兄弟の時代以来煽られてきた土地再配分の計画について言えば、ほとんどいつもイタリアの土地が対象になったので、イタリア人がその計画から利益を得ることはできなかったであろう。このように見てくると、前九〇年代は非常に強い緊張関係(2)を特徴としたこともすべて説明がつくのである。しかしドゥルススの政敵たちは、彼の立法を宗教的な理由で無効にすることに成功し、彼自身は暗殺された。同時にローマの法務官一名と彼の副官《レガトゥス》はアスクルム市を非常に尊大ぶったやり方で遇したとして住民によって虐殺されると、反乱に火がついたのであった。

(1) 前一六七年以後、登録された軍勢はローマ人三八パーセントに対し同盟者（ソキイー）は六二パーセントと計算されている。一方、ハンニバル戦争当時の割合は、四五パーセント対五五パーセントであった。

（2）つまり護民官マルクス・リウィウス・ドゥルススが前九一年に植民政策ならびにローマ市への統合を可能にする目的と同時に、イタリア人の領土を犠牲にするのも万（ばん）やむを得ないと覚悟してさまざまな改革のバランスのとれた全体像を提案したときにようやく落ち着きを見せ始めたあの緊張関係。

Ⅳ　同盟市戦争と内乱

同盟市戦争

戦火は瞬く間にイタリアの大部分に広がりを見せた。これがいわゆる同盟市戦争（ローマとその同盟市《ソキイー》のあいだの戦争）であったが、実際は、残酷な内乱であった。ローマと干戈《かんか》を交えたイタリア人は、サベッリ人の「雄牛」の旗印の下に馳せ参じ、ローマ人の「狼」を追い散らしてとことん踏み潰すことを何よりの目標とした。すなわち、その決意は非常に固く、場合によっては、この反ローマ闘争に反対するイタリア人の一部を皆殺しにするのも躊躇しなかったほどだった。しかもとりわけ彼らはローマにとって恐るべき敵であった。正確に言うと、彼らはローマの軍団兵の古い軍隊仲間で、ローマ軍団のあらゆる戦術を熟知していた（それなのに彼らにローマ軍団の戦術を教えた人たちは今や味方にはいなかったのである）。すなわち、ローマの部隊が移ろいやすい運・不運を経験したのは、このようにしてはじめて説明がつくのである。結局、反徒はほとんどすべての戦線において敗れるが（とりわけ前八九年十一月、アスクルムの戦いにおいて)、しかしとりわけ前九〇年、執政官ルキウス・ユリウス・カエサルは、忠誠を保ったすべての同盟者にローマ市民権を与える法案を通過させ、兵長には彼らが果たした従軍の報酬として個人、または集団に対して、ローマ市民権を授けることを許可した。しかしその後も約十年間は小さな抵抗がいくつか残った。多分、ポントス王ミトリダテスから財政援助を受けていたのであろう。彼はローマの優位に対して誰にも負けない、決然とした態度を崩さなかったのである。いずれにしても、前八三年から前八一年の内乱の際に、とりわけマルシ人とサムニウム人がこの戦争に果たした役割には同盟市の戦争という臭いが色濃く滲み出ていたことが間違いなく見い出されるのである。

同盟市戦争はイタリアの真の統一の開始を印した戦いであった。確かに政治状況は——とりわけローマ市のそれは——この戦争によって実に混乱を極めたので、人心は動揺した。実は、古くからの市民は、これら新たに増えた市民の中に埋没してしまうのを望まず、それ故に、新市民をいくつかの限られた既存の区《トリブス》だけに登録させ、彼らの重要性を殺《そ》いでしまおうと強く求めて止まなかった。一方、新市民の名前が最終的に戸口・財産調査《ケンスス》の登録簿に載せられるのは、ルキウス・コルネリウス・スラの独宰官職を待ってからであったのは確実と思われる。ローマ市民数がかなり多くの数を数えたのは、同じくスラの独宰官職以後のことである。すなわち、成人男子の数は、前世紀の終わりの約三九万五〇〇〇人が前七〇年には約九〇〇万人にもなっていた。「しかしながら、ローマのこの拡大至上主義の力の秘密は、ありのままの住民数以外のところに(中略)、つまり長期の発展の終わり、イタリアの自由な住民の数は、ローマ市民権をもった住民の数と一致した、という事実——古代世界では希な例外である——の中にこそあったのは確実なのである。すなわち、市民たる男だけのものである一つの世界において、ローマを、〔ずっと古くに〕その当時の最初の強国にしたのは、これらの市民の異常なほどの多い数であった。[1]」

（1）Claude Nicolet, *Rome et la conquête*, p.90.

ミトリダテス戦争

二人のローマの政務官は——小アジアにおいて破滅的な政策を実行したとき——ビュティニア王ニコメデスにポントゥス王ミトリダテスを攻撃するよう説得に成功すると、東方《オリエント》において瞬く間に戦いの火の手が上がった。ミトリダテスは敵をあっさりと片付けると、二人の政務官を捕らえ、二人に公然と恥をかかせた（処刑する前に、そのうちの一人の喉に溶けた金《きん》を流し込んだ）。ミトリダテスは早々と全アシアを糾合するや、前もって決めておいた日にローマ人であったすべての者を根絶やしにしようと企てた。その時に虐殺されたのは、八万人のイタリア人とローマ人だったと言われるが、このローマに対する敵対はギリシアを含め東方《オリエント》の隅々にまで達したのであった。続いて起こった戦争は、長くて困難な戦争になり、いずれにしても、ミトリダテスはしばしば、〔その後数年のあいだ〕戦いの火を再び燃え上がらせてなかなか決着がつかない戦いになった。けれども、ローマにも名だたるいくつかの勝利を得る好機があり（カイロネイアとオルコメノスの戦い）、その中でアテネの占領と略奪は目立っていた（アテネはようやくハドリアヌス帝の下でこの〔災厄の〕エピソードから真に立ち直ったほどであった）。しかしこの戦争はとりわけスラ〔まず執政官の資格で、次に執政官代行《プロコンスル》の資格でローマ軍を指揮した〕にとっては、みずからが兵士の忠誠を確実にした軍隊を擁する指揮官となることができたことを示すまたとない好機であった。すなわち、前八七年に彼の政敵たちは権力を奪取し、スラは彼らによって軍司令官の座を追われたが、東方《オリエント》に自分の軍隊を維持し、作戦を続行した。マリウスと彼の仲間は、スラを否応なしにローマから完全に自立した存在にして、どうしたら彼はローマ市の軍隊を「私」兵に変えることが出来るか、示さざるを得ない立場に追い込んで、いわばスラに罠を仕掛けたわけだった。それを立証するはっきりとした事実がある。前八三年、スラの兵士たちが東方《オリエント》の征服で手に入れた宝物を船に積んで帰国すると、イタリアの土地に足を下ろすや否や直《す》ぐちりぢりになるどころか——彼らは二人の執政官のしつこい宣伝によってそうする気にさせられたようだったが——反対に法的な権威に対して断固戦い続けることを承知した。それればかりか、今度は利益を得る望みはこれっぽっちもないと承知の上で。これらの兵士とその指揮官とのあいだに特別の関係があったということはこの件に関して確かであったに違いなかった。

内乱

それは戦争と呼ばれるにふさわしい戦争であった。この戦争はスラがミトリダテスに対する遠征から帰国したときに始まったが、しかし実は前八八年に、つまり執政官のスラが東方《オリエント》における作戦の指揮権を授けられた年に遡る。マリウスは執政官スラに対する古くからの恨《うら》み辛《つら》み、そして彼が東方《オリエント》遠征に際して得るであろう栄光と富とを妬む気持ちなどに衝《つ》き動かされたからか、国民投票にかけて彼からは軍指揮権を、別の執政官クィントゥス・ポンペイウス・ルフスからはその職務を奪うことに成功した。

その時、二人の執政官はスラが彼の遠征のために準備しておいた軍隊の指揮官となってローマに向け進軍中であった。二人はマリウスと彼の味方たちが社会を不安に陥れていたローマを占領し、マリウスの下っ端を何人か処刑し、元老院〔マリウスと彼を支持したそのほかの一一人の主要人物が依然として力をもっていた〕の実権を握ったので、マリウスとその仲間は公敵と宣言された。スラが東方《オリエント》へ向け出発したとき、彼の敵たちは再結集に成功して、ローマへ向けて進軍し、権力を奪取したが、彼らは内乱の終わりに至るまでその権力を独占したのであった。この内乱は、前八二年十一月、コリヌス門の近く、ローマの市壁の側《そば》の戦闘で決着がついた。

スラは勝利を収めるとすぐに個々人が行なう粛清を抑えて粛清を厳しく限定することに決めた。というのは、ローマが個人の支配下に置かれた結果――前八七年のマリウス派の人たちが帰還した時がその好例であったが――ふたたび腕力による決着の舞台となることを望まなかったからである。そこでスラは手始めに彼の囚人たちのうち、サムニウム人ないしマルシ人の何人かを処刑すると〔この二つの国民は、同盟市戦争を決して忘れていなかったので、スラの敵の側に与《くみ》した〕、次に徹底してゲリラ戦の戦士になっていた貴族層のメンバーたちを排除する手続きを手配するよう命じた。すなわち、約五二〇人の元老院議員と騎士たちが追放の処罰によって大打撃を受けたのであるが、それはどこであろうと、いつであろうと、死刑の言い渡しにも等しい、恐るべき二次的な刑が組み合わされていたからであった。すなわち、墓が暴かれ、遺体が切断され、記憶が消し去られ、全資産が没収され、孫子《まご》の代までローマ市から追放されたのであった。それこそ最も不屈の敵を家族もろとも根こそぎにすることを狙《ねら》った、組織的な性格をもった弾圧であったし（そのほかにもこのような根絶は、子孫がいつか復讐を求める日か来ないようにする働きを狙ったものでもあった）、その上にまた手続きの上でもそれはローマがかつて経験した最も恐ろしい粛清の形をとらせた、派手派手しい性格の追放であった（すなわち、名前の告示、公開処刑、フォルムに首を晒《さら》すこと）。もっとも実際はこのような大々的で、途方もない残虐な行為の数々を伴って行なわれた腕力による決着の例がこの時代になかったわけではない。

V　再建と堕落

スラの仕事

スラが以上のように敵の排除をやり遂げてから、そして若きポンペイウスがシチリア島とアフリカにおいて最後の抵抗の砦を粉砕してから、ローマ元老院はポッカリと空《あ》いた権力の空白――すでに二人の執政官は非業の死を遂げていた――を確認すると、引き続き国家の保護を確保するため、中間王《インテルレクス》を指名し、そして中間王に独宰官を指名する任務を授けた。スラはすでに独宰官の職を引き受けるつもりであると言いふらしていたが、しかしその職は、第二次ポエニ戦争のとき以来、絶えて久しく任命されていなかった。スラは国民の投票〔前八二年の最後の数日のあいだに行なわれた〕によって独宰官に選ばれ、次いで自分の名を民会に提案したこの中間王を彼の騎兵長官に選んだ。スラの職務は、その決まり文句「法律を制定し、国家を組織する独宰官」がはっきり示すように、「憲法制定の権限がある独宰官」と同義と言うことができる。しかも実際に彼の国政上の仕事は極めて重要であった、と確認される。すなわち、まず司法の分野において彼が常設法廷《クアエスティオ》を普及させた結果、重罪と軽犯罪との定義は一層正確になり、民事訴訟と刑事訴訟とのあいだにはっきりと一線が画されることになった。その上、この時以後のことであるが、新顔の法律家が現われ始める。つまり事務所を持つ人たちで、真の専門家で、一部権力を保有する法律顧問といったところであった（スラをもって嚆矢《こうし》とする）。そして彼らは権力を行使するよう求められてきた、伝統的な貴族層の大物たちに取って代わったのであるが、そのような貴族層の法的な文化というものは、〔正確に言うと〕氏族の枠組みの中で代々伝えられてきた、無くてはならない手段であった。

政治の分野においてスラ自身が取った措置はと言うと、最も重要なのは政務官職《クルスス・ホノルム》の歴程を整えることに深く関係していた。つまりそれは前代においていくつか見られたような権力の独占を無くそうと狙ったもので、とりわけ護民官の権力の縮小が狙われた。すなわち、護民官はいつも決まって革命的な「政務官職」の権化、と見なされたからである。(1)

（1）それ以後、護民官の職は異議申し立て（インテルケッシオ）に制限され、彼らが法を提案しようとするとき、あらかじめ元老院の同意を得るよう義務付けられたに違いなく、遂には護民官の職務行為から政務官職の執行権に対してなされる異議申し立ての権限も失われたのであった。

その上、この時代に政務官職と神官職の数が増やされると同時に、元老院議員の数も三〇〇名から六〇〇名になった。(1)しかもその上に、スラは都市の聖なる境界《ポメリウム》の拡大を厳粛に行なおうと取り掛かった。それはローマ国民の数を増やした人びとのために特別に取って置かれた儀式に違いない。締めくくりは是非行なわなければならなかった。何故なら、同盟市戦争が終わってもまだイタリア人は宙ぶらりんで確信が持てないでいたので、それはイタリア人をローマ市民権へ統合する長年の懸案を実現する聖なる境界《ポメリウム》の拡大であり、しかも最初の拡大だったのである。

（1）増員されたのは騎士階級の人びとであっただろう。彼らは三五のトリブスごとに選ばれ、そして指名されるには国民の投票が義務付けられた。

さて、君主政を樹立しようという望みはスラにはなく――ジェローム・カルコピノもそう考えたように――実はその反対であった。彼は共和政が理想的に機能するよう国家の再建にすべての努力を傾けたのは明らかであった。それを立証するのは、前八一年が終わる直前になって彼が独宰官を辞任したことである。それから彼は執政官職に就き〔前八〇年〕、次いで政治生活からきっぱりと身を引いたが、しかし同時に、彼がみずからに授けた権力そのものの性質からして、彼の再建になる共和政はいつかそのうちに軍隊の長によってくすね取られてしまうということを彼は証明したのである。実際にしばらくして、独宰官職を辞任したスラは政治とは何たるか何も知らないと身をもって示した、とこともなげに言ってのけたのはユリウス・カエサルであった。

スラの後継者たち

スラがきちんと整えた政体は、〔原則として〕必ずや長続きするはずのものであったし、また彼の跡を継いだ人達も強靱な政体になるようしっかりと支えたに違いないが、しかし事態はまた決して単純なものではなかった。なぜなら一方で内乱は完全に鎮静化したわけでなく、他方でスラの後継者のある者は彼の仕事と距離を置くのが得策、と考えたからである。

実際にスラが死ぬとすぐに紛争〔とりわけマルクス・アエミリウス・レピドゥスとのあいだで〕が再燃した（グナエウス・ポンペイウスはレピドゥスが執政官職に就くためならと前から援助を惜しまなかった）。すなわち、レピドゥスは容易に収まる気配のないエトルリア、ガリア、そしてシチリア島の反乱の火種をかき立てて内乱の火をもう一度燃え上がらせようとするが、レピドゥスの軍を粉砕したのは別の執政官クィントゥス・ルタティウス・カトゥルス〔前一〇二年、侵入してきた〕キンブリ族に対し〔同僚のマリウスと共に〕勝利を収めた同名の執政官の息子）であった。しかしイタリアの敵を最終的に掃討したのはグナエウス・ポンペイウスであった[1]。依然として残っていたマリウス派の軍勢の一部は、当時セルトリウスの下に再集結していたが、彼は前八二年以来、スペインを保持し、とりわけローマの宿敵ミトリダテスとも連絡を絶やさないでいた。セルトリウスに対する新しい戦争はルキウス・リキニウス・ルクルスの指揮下に（前七四年以来）始まっていた。ローマが共和政の下でスペインの支配権を奪い返すのに一〇年という長い戦争を経なければならなかった（最初はクィントゥス・カエキリウス・メテルスの、その後ポンペイウスの指揮下に）。

（1）二人の反乱指導者、ルキウス・コルネリウス・スキピオとマルクス・ユニウス・ブルトゥス（大ブルトゥスの父）を処刑した。

それと同じころ（前七三年）、南イタリアにおいて奴隷の大反乱〔はじめカンパニアの剣闘士養成機関で発生〕が起こった。スパルタクスによってかなりよく組織されたこの武装集団は二年ものあいだ、カンパニアを荒廃させ、ローマには恐怖の種をまいたが、結局〔マルクス・リキニウス・〕クラッススは——ゲルマン人とガリア人とのあいだの不和から利益を得ることができ——彼らを打ち破ることに成功した。六〇〇〇人の囚人は、アッピウス街道沿いにおいて磔《はりつけ》の刑に処せられた。

クラッススとポンペイウスは一緒にローマに凱旋してから、執政官に選ばれた〔前七〇年〕。クラッススは既に前七三年の法務官であったが、ポンペイウスはまだ三十六歳にすぎず、その上、政務官職《クルスス・ホノルム》の歴程のうちまだ正規の職務を一つも帯びていなかったから、元老院の構成員でもなかった(1)。いずれにしても、二人のどちらもお互いに少しも理解し合っていなかったが、とりあえず護民官に彼らがスラの改革以前にもっていた権力を復活させようとした。そしてその二年後、海賊行為〔少なくとも前八〇年代以来慢性的になっていた〕がとりわけ深刻さを増して来ると、ポンペイウスは海賊問題にけりをつけるべく例外的な権力を投票で授けてもらうのにうってつけの、力のある民衆扇動家たち〔とりわけ若きユリウス・カエサル〕に出会うのである。すなわち、全地中海とその海岸より五〇マイル以内に及んだ無制限の命令権《インペリウム・インフィニトゥム》、そしてそれぞれの管轄区域《プロウィンキア》内における執政官代行《プロコンスル》と同等の権能がポンペイウスに授けられた。そのほかに、もし必要なら法務官代行《プロプラエトル》の権能をもつ一五人の副官《レガトゥス》が彼に付き従うことができ、また五〇〇隻の艦船を自由に使えるようになっていた。それからポンペイウスは海賊の跳梁《ちょうりょう》を押さえ込むのであるが、前六六年にはルクルスに代わって対ミトリダテス戦争遂行のため、別の護民官の提案によって執政官代行《プロコンスル》の資格でキリキア、ビュティニア、そしてポントゥスの三つの属州《プロウィンキア》にまたがる命令権《インペリウム》が彼に与えられたのであった。彼はオリエントへ向けて出発し、そこで前任のルクルスが挙げた作戦の成果を独り占めにし、それから管轄州《プロウィンキア》シリアを手に入れると、それを属州ユダヤおよびパレスティナに編成替《が》えし（彼は前六三年にイエルサレムを占領した）、ようやく前六二年にイタリアへ帰還したのであった。

（1）彼は執政官として元老院の会議を主宰する段になって、学者の〔マルクス・テレンティウス・〕ウァロ〔前七三年の執政官〕に会議の「指針」となるものを書いてくれと要求したほどであった。

争乱

ポンペイウスは東方《オリエント》から帰還するが、彼の不在中のローマ市では何事もなく日が過ぎ去っていた。まず、ルクルスであるが、彼の後を継いだポンペイウスの友人たちは彼の凱旋式を妨害しようと画策したが、彼はついに凱旋式を祝うことに成功した。すなわち、ルクルスは執拗な反対に遭ったけれども、軍神マルスの野《カンプス・マルティウス》において小規模な軍隊とともに、彼にとって一層有利な機会が訪れるまで三年のあいだじっと待ち続けなければならなかった。もし彼が都市の聖なる境界《ポメリウム》の内側に止まったとすると、彼は執政官代行《プロコンスル》の権力を、それゆえに、凱旋式を挙行する権利も失っていたであろう。凱旋式の儀式はたまたま〔マルクス・トゥリウス・〕キケロが執政官になった年、前六三年の夏に挙行された。同年、一人の、失脚した貴族、ルキウス・セルギウス・カティリナによって煽動された陰謀が露見し、鎮圧された。彼はスラの古い友人や元の敵の一部といったちぐはぐな連中を背後で一つにまとめ上げたが、キケロは間髪を入れずに先手を打って一味の計略の裏をかくことに成功し、さらにエトルリアにおける蜂起《ほうき》の企てを鎮圧するや、元老院議員の幾人かの反対〔カエサルも反対した一人であった〕を押し切って、陰謀に加担した者たちを牢獄で処刑させた。以上の挿話は深刻な不安を物語るものであるが、そればかりでなく、キケロは己の弁論家としての才能だけでローマ共和政を救ったと、はたまたその結果、大物の軍司令官たちと十二分に肩を並べることが出来た――彼ら大物たちの単なるお気に入りじゃない――と、彼が自信を持つに至った出来事であった。

いずれにしても、続く数年はまた国内の深刻な紛争という特徴をもった数年であった。まず挙げられるのがローマ中《じゆう》に蔓延《まんえん》した腐敗選挙(1)、次に氏族や党派のあいだの激しい争い(2)、次に護民官が騒ぎ出したこと(3)、それからまた、武装集団の暴力闘争(4)、そして演出された騒乱(クロディウスの葬儀のときのような)、さらに党派の領袖たちによる権力の濫用(5)、最後に共和政の制度の一時凍結であった(政務官選出の機能がほとんど正常に働かなくなって、前五二年三月にはポンペイウスが単独の執政官に選ばれた)。

(1) 前六五年度の執政官としてすでに任命されていた二人には腐敗選挙(買収)の廉で有罪判決が下され、選挙をやり直さなければならなかった。
(2) 前五九年の二人の執政官によるものが有名であるが、カエサルは同僚の〔マルクス・カルプルニウス・〕ビブルスを手も足も出せないようにしてしまう。
(3) たとえば、プブリウス・クロディウスがその例であったが、彼は〔ポンペイウスとカエサルに支援されて〕前五八年の護民官職を手に入れようと画策して、ある平民と養子縁組みを結び、それからあろうことか、キケロを攻撃して、彼がローマ市民、つまりカティリナの陰謀の共犯者たちを裁判無しで処刑させたと言いがかりを付けて、ついに亡命を余儀なくさせた。

（4）暴力団の長のあいだの争いで、その最たるものは、〔ティトゥス・アンニウス・〕ミロとクロディウスとのあいだの争いであるが、市街戦の際に前者は後者をまんまと片付けてしまった。

（5）第一回三頭政治と呼ばれるポンペイウス、カエサル、クラッススのあいだの協定によってカエサルを前五九年の執政官に押し上げ、彼には此方（こなた）と彼方（かなた）のガリアおよびイリュリクムを管轄州（プロウィンキア）として授け、クラッススとポンペイウスを新たに前五五年の執政官にし、クラッススにはシリアを、ポンペイウスには此方（こなた）と彼方（かなた）の二つのヒスパニアを管轄州（プロウィンキア）としてそれぞれ五年間にわたって授けることを可能にした。

あたかも小君主のような三人のあいだの協定が終了したとき、内乱はもはや避けられなくなった。すなわち、クラッススが前五三年にカラエ〔パルティア〕において戦死すると、ポンペイウスとカエサルとの仲はもはや抜き差しならない状況であった。それゆえに元老院が下した一つの決定は、カエサルにはその管轄州《プロウィンキア》に対する権力を手放し、そしてその軍隊を除隊させるようはっきりと命じる内容であったから、彼はみずからの身を宿敵の思うがままにさせるよりは一か八かの戦争のほうを望んだのであった。

VI　新体制

内乱

兵力の不均衡はかなりのものであった。すなわち、ポンペイウスは正規に編成された軍隊をもっておらず、しかも彼が言ったのとは反対に、彼には自分から進んで軍団を徴集するだけの充分な足場を固めていなかった。反対にカエサルは、前五九年以来、ガリアにおいて作戦を開始してからというもの、戦いの道具〔とりわけ効果的で、非常に忠実な軍隊〕を鍛え上げていた。すなわち、彼は毎年冬になると、補充の徴兵に取り掛かったが、その規模は四個軍団から一二個軍団にもなっていた。原則として執政官代行《プロコンスル》は、その管轄州《プロウィンキア》を防衛するために充てられた兵士の数が足りなければ補充するために地方での兵士の徴発ができたのであった。しかしカエサルは、〔おそらく〕トリックを使ったのである。彼は「地方民の」軍団を編成するとき、彼個人の資力で給料を支払えなかったので、戦利品でもって支払った。志願してきた兵士はほとんどすべてが彼の成功と戦利品の見込みに誘われて集まってきた者たちであった。そして彼らの中に真の意味の職業兵が加わっていた。たとえば、カエサル自身がガリアにおいて作戦を始めたときに思い起こしている一人の百人隊長がいたが、彼はスラの下で（したがって前八七年から前八三年にかけて）小アジアにおいて、それから前七〇年代の終わりに、クラッススの下でスペインにおいて従軍した。結局のところ、カエサルがイタリアに侵入した時点で、彼の軍隊は将と兵が緊密に一体となって敵に向かったが、宿敵の軍勢も意図も熟知していたポンペイウスは――〔副官のティトゥス・〕ラビエヌスの仲立ちもあって――イタリアの地を去って、オリエントの地で一戦を交えるほうを選んだのであった。カエサルはまずスペイン問題〔ポンペイウスはスペインに忠実な軍隊をもっていた〕を解決し、その年の終わりに国内情勢に秩序を回復するため独宰官職を帯びるに至った。

戦争は前四八年に東方《オリエント》において悲喜こもごもに繰り広げられたのであったが、ついに両軍はその年の夏の真っ盛り、ファルサルスにおいて対峙するに至った。カエサルは約三〇個軍団を擁していた〔しかしすべての軍団が目いっぱいの実兵員数を抱えていたわけではない〕。ポンペイウスはそれよりも多くの軍隊を指揮したが、しかしその大部分は、〔これは重要なことであるが〕東方《オリエント》の君主から彼の下に派遣された分遣隊であって、軍団兵ほどの強い決意をもって戦闘に臨んだわけではなかっただろう。カエサルは勝利の後、敵兵の大部分を自分の軍隊に繰り入れた。ポンペイウスはエジプトへ逃れたが、そこでプトレマイオス王とその姉妹クレオパトラは彼を暗殺させた。カエサルが数々の権力と顕職を〔ローマにおいて――彼は前四七年末には帰国していたようだ――〕積み重ね出したのはまさにこの勝利の結果であった。すなわち、五年間の執政官職、護民官の身体不可侵の権〔もちろん護民官の職を帯びずに〕、それから以上の職権に加えて独宰官の職[1]とどんどん積み重ねていった〔前四五年〕。

（1）まず初めは、丸一年間、それから彼が前四六年にアフリカのポンペイウス派の軍勢を打ち破ったときに十年間、それからスペインで執拗に戦っていたポンペイウスの息子の軍勢を破って決定的な勝利を収めた後に終身。

カエサル体制

カエサルがローマで過ごした数か月のあいだに〔彼の暗殺は前四四年三月十五日〕、そしてまた真の国政上の革命――つまりはローマ共和政の死[1]――を意味したこの数か月のあいだに彼が行使した権力の性質をここで詳しく報告することはとてもできないが、とりあえず次のように言っておきたい。すなわち、彼は共和政の発足以来ずっと各種の政務官職ごとに割り当てられてきた権力の総体[2]を一身に集中させたのである。しかしそれだけに止《とど》まらず、彼はまたいろいろの恩典や特権のすべて〔それはそれでまた相乗効果を生んだ〕が加わった、これまた長い伝統のある権力の全体をも独り占めにしたのであった。すなわち、元老院において真っ先に発言する権利、高官椅子《セラ・クルリス》に座る執政官の傍らに座席を占める権利、凱旋将軍《インペラトル》の衣服を常時身につける権利、そしてとりわけ個人名《ファースト・ネーム》のように凱旋将軍《インペラトル》の称号の使用――もちろん独占的に――などなどである。

(1) Y.L. Bohec, *César*, Paris, PUF, 《Que sais-je?》近刊予定、参照。
(2) つまり執政官職と独宰官職〔彼はそれらを同時に帯びた最初の人であったが〕、そして護民官職なしの護民官の権力、監察官職を帯びない監察官の権力。

カエサルはこれら各種の権力をローマの行政〔彼はその改革を企てた〕の全分野で行使したわけだが、ここでもまた完全な総括はむずかしいのである。[1] せいぜい僅かな痕跡〔それはローマの都市的な空間に残している〕からカエサルが立案した仕事の豊かさを推し量るだけで満足するほかない。はじめの頃、彼はすべての面で市民にとって目立った価値のあるような都市建設を行なってポンペイウスの雄大な成果に釣り合うよう計画を立てた。したがって非常に手狭になっていたフォルム・ロマヌム〔宗教、政治、商業、そして司法の活動拠点〕の拡張を彼が計画したのは、それらの活動がすべて一か所で行なえるようにするためであった。こうして彼は元老院議場《クリア》とフォルムの背の部分〔カピトリウム丘をクィリナリス丘に繋いでいた〕とのあいだのすべての土地を一個人の資金で、そしてキケロの仲介で買い取ったのであった。こうして空《あ》いた長方形の空間〔一六〇メートル×七五メートル〕を整備するのに、小売店を収容するための柱廊《ポルティコ》がフォルムの背の側面に造られた。それから彼はオウィレ（軍神マルスの野《カンプス・マルティウス》にあり、兵員会《コミティア・ケントゥリアタ》が開かれた場所）を巨大な柱廊でぐるっと飾り、さらにこの空間を別の柱廊によって公会堂《ウィラ・プブリカ》（市民の戸口・財産調査を担う監察官《ケンソル》の仕事場）と結ぼうとしたのは、市民のためのこの場所全体に装飾の面で一貫性を持たせるためで――これら数々の計画は内乱のために変更を余儀なくされたが――中でも目立ったのはフォルムの一貫性の変更であった。すなわち、開かれた空間でなければならないフォルム・ロマヌムは、閉じられた空間に変えられ、その一つの狭い側面は、産みの母ウェヌス《ゲネトリクス》の神殿の側面によってふさがれたのであった。[2] 一方、彼の立像が乗る青銅製の四頭立て二輪戦車《クアドリガ》はその場所の真ん中を占めていたから、そこはユリウス氏の真の聖域の様相を呈した。しかし特筆すべきは、フォルム・ロマヌムに直接面して新たに設けられたこの場所は（「カエサルのフォルム」になるが）、フォルム・ロマヌムの重要でしかも象徴的な改造をもたらした。すなわち、スラの再建になる元老院議場《クリア》は取り壊され、新しい建物に取って代わられたが、この建物はもはや先の建物のように南北の線に沿って建っているのではなく（それゆえにそれはもはや聖域《テンプルム》ではなく）、カエサルのフォルムの下方の一角にあったことでその場所は限定的な意味しか持たなくなった。すなわち、新たな権力は元老院を服従の状態に置いたと言いだし始めたのは明々白々であった。これに似た証拠で、さらにもっと強力な証拠がある。それは演壇《ロストラ》。演壇は元老院議場《クリア》と同じく政務官たちがそこから国民に向かって演説をする壇であるが、構造の上で元老院議場《クリア》と深く結びついていたことは既に見てきた通りである。演壇は、〔移設された結果〕フォルムの狭い側面の脇にようやく落ち着いたわけだが、その後もずっと長いあいだその場所を動くことはなかった。そしてもしフォルムのこの場所の方位が変更されたとすると――この場所が整備されてカエサルによって建設された新しいバシリカ（バシリカ・ユリア）の側面に方位が沿っているのに、もはや聖道《ウィア・サクラ》を基軸とする古い線には沿っていないなら――それはもはや偶然とは言えない。

（1）前述 **Y.L. Bohec, *César*** を参照。
（2）自分の家、ユリウス氏はアエネアスの息子ユルスの血筋を引く――アエネアス自身はウェヌスから生まれた――という考えを彼はもちつづけた。

しかしカエサルが手にした権力がいかに大きかったかは、彼が構想したさまざまな計画からも――惜しくも彼には実現するだけの時間がなかったが――推し量られるのである。都市ローマだけの計画にとどまらず、以下のものが思い起こされる。すなわち、その一端を挙げてみると。コリントス地峡の開鑿、ポンプティヌス湿原の干拓、オスティア港の築港などがある。彼はまたローマ市に世界屈指の大図書館を備え付ける予定で、まず学者のテレンティウス・ウァロに書籍を蒐集する任務を与えた。カエサルはローマ市に劇場を建設しようとした。とりわけ彼が強く望んだのは、ヴァティカンの野に劇場を備えて軍神マルスの野《カンプス・マルティウス》の地位に取って代えようとしたことであった。そうするにはティベリス川が作る湾曲部を切り取り、そうして出来た左岸の空間を新たにローマ市の全体に組み入れるだけで充分であった。

つまりプルタルコスは、これらの巨大な計画を一つ一つ取り上げた後、カエサルの暦の改革へ、しかしまた東方《オリエント》の征服という彼の壮大な野心へ結びつけて、カエサルの謎を読み解くカギを私どもに示してくれたわけである。

カエサルの死

ローマという国家はまだ絶対権力の支配を我慢することができなかったか、もしくは少なくともローマ古来の貴族層を代表するある数の人たちは、彼らの身内の一人が権力の総体を積み重ねたことに耐えられなかったがゆえに、カエサルは王政を熱望しているという考えが広まったのは多分誤りではなかっただろう。カエサルはもう一つの世界の果て、パルティア人の王国を征服しに行く壮大な計画を抱いていたが、それは前五三年のクラッススの敗北に復讐するためでも、これらの地方においてまだ囚人となっていたローマ人を取り戻すためでもなく、彼の壮大な征服事業のために軍隊の総動員をもたらすという点で戦争状態が必要であった、と彼はとくに重要視したと思われる。彼がそう考えたのは、彼が王政を布《し》こうとしたこととと無関係ではなかった。というのは、かつてシビュラの巫女《みこ》が予言を下して、パルティア人は王によってのみ打ち負かされるだろう、とはっきり言い渡したからであったと彼は思った、というふうに考えざるを得ないのである。すなわち、前四四年の二月十五日に祝われたルペルクス神の祭《ルペルカリア》のあいだに、マルクス・アントニウス〔彼も祭りの参加者《ルペルクス》の一人であった〕は、二度も王冠を独宰官《カエサル》の頭に被せようとしたが、カエサルはこぞって非難を浴びると、せっかくの申し出も斥けるほか無かったのである。いずれにしても、このエピソードから受ける印象ははっきりしていて、カエサルにはどう行動すべきか決意するのにもはやそれ以上の謀反人どもを必要としなかったのである。三月十五日、カエサルはポンペイウス〔内乱の敗者〕の元老院議場《クリア》において、その巨大な像の足下《あしもと》に斃《たお》れ臥《ふ》したのであった。

Ⅶ　悲惨なテロリズム

非常によく知られているように、謀反人たちは政治のプランなどほとんど持ち合わせていなかったし、また彼らが短刀で独宰官《カエサル》の体を二三か所も突き刺したとき、権力を取り戻すとか、カエサルの葬儀の際の民衆の怒り〔それはアントニウスがうまく煽り立てたものだったが〕を鎮めるとか、そんなことはできないと思っていた。このような優柔不断、そして無能こそが市民のあいだに新しい紛争を起こす元《もと》になり、その結果はと言うと、今度はイタリア中を血塗《ちまみ》れにしたことであった。イタリアはこれに先だったカエサルとポンペイウスとのあいだの闘争の被害を比較的免れていた。しかし今度ばかりはそうは行かず、イタリアは戦争の災厄に苦しまなければならないだろう。すなわち、この戦争はたえず住民を飢えさせ、しばしば流浪させ、ときには虐殺したから、とにかく住民には平和を請け合う新しい権力を受け入れるよう覚悟させなければならないだろう。

もちろんキケロは率先してカエサルの若き後継者（又従兄弟《またいとこ》のガイウス・オクタウィウスは遺言によって養子にされ、それゆえにオクタウィアヌス・カエサルを名乗るが）をうまく使って共和政を政治的に再編しようと、アントニウス〔死んだ独宰官《カエサル》の書類と財産を一手に握っていた〕の全勢力を向こうに回してあれこれ立ち回った。キケロはアントニウスを憎むが余り盲《めくら》になってしまったのか、それとも内乱の脅威がすべてを正当化すると考えたのか、どちらにしても、仇敵《きゅうてき》アントニウスを排除するために手段を選ばず、一歩も退《ひ》かなかった。こうしてキケロは、法務官の命令権《インペリウム》をまだほんの若僧の（まだ二十歳《はたち》になったばかりの）オクタウィウスに授けてやり、また彼がまだ財務官にもなっていないのに神官の職を帯びる同意を彼のために手に入れてやった。そしてユニウス・ブルトゥスとカッシウス・ロンギヌスがそれぞれの属州《プロウインキア》（クレタ島とキュレナイカ）を離任してマケドニア（偶然にもアントニウス[1]の属州《プロウインキア》となっていた）とシリア（〔プブリウス・コルネリウス・〕ドラベラの属州《プロウインキア》であった）に無理矢理入ろうとしたとき、キケロはためらいなくその正当性を擁護した。

（1）原著は単にアントニウスと言っているが、あのマルクス・アントニウスではなく、彼の叔父、ガイウス・アントニウスである〔訳注〕。

「……ブルトゥスとカッシウスは彼ら自身も議員であった元老院の審議に何かと加わっていたが、しかしこんな大変動の中にあって、また国全体が大混乱に陥っていては、父祖の慣習に従うよりはむしろ四囲の状況に従ったのは避けられないことである。そして実際に、ブルトゥスあるいはカッシウスが祖国の安寧と自由を最も神聖にして侵すべからざる法にして最も良き慣習とみなしたのはこれが最初ではない（中略）。いかなる法によってか？　いかなる権利によってか？　最大至高の神ユピテルが裁可したものであり、それによって共和政の安寧に役立つすべてのものが正当にして正義にかなうとされるものである。何故なら、法は神の意志に負った、真っ当な道理以外の何物でも無く、そして善なるものを命じ、その反対を禁じる。それゆえに、カッシウスが属州《プロウインキア》シリアへ向かって旅だったのは、この法に従ったまでである。すなわち、属州シリアは、神がお与えになった法に従って人のものになったのであるが、しかしひとたびそのような法でも今にも死にそうになるや、自然の法によって人のものとなるのである。」（キケロ『ピリッピカ』XI二七～二八頁、ピエール・ヴゥイユミエ訳）

しかしキケロと彼の友人たちはすぐに手も足も出せなくなった。なぜなら、前四三年八月、オクタウィアヌスはみずからに執政官職が授けられるようにと腹をくくったのである。すなわち、彼は自分を満足させるのに誰もこれっぽっちの熱意も示さないのに腹を立て、自分の軍隊を率いてローマに向けて進軍し、従兄弟のクィントゥス・ペディウスと一緒に執政官の職に選ばせたのである〔戦死した二名の執政官の補充として〕。彼はそのときあの大赦令〔三月十五日の直後に僭主殺したちをかばうために決定された〕を取り消し、彼らを訴追することに取りかかったのであった。それから数週間後、彼はアントニウスおよびレピドゥスと協定を結び、三頭政治を構成したが、それは全く先例のない政務官職であって、三人一組の独宰官職にほかならなかった。この新しい、三頭の政務官職が最初に下した決定は、迫害を再開することであった。しかし彼らの手本はすり替えられていた。すなわち、粛清は内乱の開始前のものさえ対象とされ、それゆえその中身には最初の迫害になかった政治的なものがあった。とりわけ目立ったのは、被迫害者のリストが前三九年まで公開されたままになっていたため、迫害は潜在的なすべての敵を排除すると断固決意した人びとの手に握られた、恐怖政治の悪巧みになってしまった。その最初の犠牲者の一人はキケロであったが、しかしまたレピドゥスの兄弟の名、マルクス・アントニウスの叔父の名、そしてオクタウィウスが父を失ったとき彼の後見人になった老人の名もリストの中にあった。

三頭政治家たちは、スラが持った権力に酷似した〔国政上、合法的な〕権力をみずからに付与させたが、しかし彼らの活動の大部分は、僭主殺したちに向けられた軍事作戦を主たる目的としたものだった。まず彼らは前四二年に僭主殺したちをフィリッピにおいて片付けると、次に、セクストゥス・ポンペイウス〔海を制してイタリアを飢えさせていた〕に向かって行った。前三九年、ついにポンペイウスと条約を結び、内乱は終わったと信じられたが（これを証言するのは、ウェルギリウス『牧歌』第四歌である）、しかし戦争は再開し、セクストゥス・ポンペイウスはようやく前三六年にウィプサニウス・アグリッパによって打ち破られた。三頭政治家たちのあいだの軍事衝突が起こって、とうとうレピドゥスは、〔よく知られているように〕セクストゥス・ポンペイウスに対する作戦の結果、彼とはまだ手が切れていないとの嫌疑をかけられ、排除されると、オクタウィアヌスとアントニウスとのあいだに仲違《なかたが》いが生じ、二人は前三三年の初めに絶交した。

前三一年九月の初めに起こったのは、象徴的な意味合いを持つ戦争であった。すなわち、西方《オクシデント》〔背後にはオクタウィアヌスがいた〕対東方《オリエント》〔アントニウスが代表をした〕の戦争となった。とりわけ注目すべきは、アントニウスの一九個軍団と対峙したオクタウィアヌスの二四個軍団、そしてアクティウムの岬の前面で戦った両陣営の約四〇〇隻の戦艦であった。

終章　共和政はどのように死んだか

「ブルトゥスとカッシウスが死んで、共和政はその擁護者たちを奪われ、セクストゥス・ポンペイウスがシチリア島の岸辺で思いがけない災厄に遭遇し、レピドゥスが国家再建三人官の職を追われ、アントニウスも死んだのちは、カエサル家一門においてさえただ一人の指導者しか残っていなかった。彼こそ、オクタウィアヌス・カエサル。彼は国家再建三人官の称号を捨て去り、そして執政官として人びとの前に姿を現わすと、平民層を保護するには護民官の職権だけで充分とたかだかに宣言する。兵士をさまざまな特別手当の支給によって、ローマ国民を穀物配給によって、すべての人を平和の喜びによって自分の方へ惹き付けておいて、少しずつ高い地位に登り、元老院の権限、さまざまな政務官職、そして法を我がものにし、もはやどれひとつとっても彼に反対する者は一人もいない。というのは、貴族の中でいちばん共和政を護ろうとした熱烈の士は迫害の際に、そしてまた戦《いくさ》ですべて死んでしまい、残ったのは、隷属に勤《いそ》しむのに比例して沢山の富と名誉を受け取った人たち、そしてまた、この革命によって成り上がった人たちばかり。彼らは過去の有為転変《ういてんぺん》よりは今の自分たちが安堵できれば好《よ》いと思った。」

（タキトゥス『年代記』第一巻二章。〔この引用は著者イナール独自の解釈にもとづくフランス語訳と思われ、時に他

訳との違いが見られたが、原著通りに訳した：訳注）

歴史家タキトゥスは共和政国家が崩壊に向かう最後の局面を以上のようにかなりうまく要約しているが、経済的・社会的・政治的・心理的な細々とした原因を――ローマ人がただ一人の主人を受け入れるよう、巧妙にもって行こうとして――いろいろと論《あげつら》った、と言えるのではないだろうか。もちろん、興味深いのは、死にかけている政体に最後の止《とど》めを刺したカエサル家の者たちがこぞって、自由《リベルタス》は王政《レグヌム》と相容れないと言って自由を救うためと言い張ったことであった（自由については、共和政的な政体を明確にする語であった、と既に見た）。カエサル・オクタウィアヌスは次のように言った。「私はローマの平民層を耐えがたい隷属から救い出し、復活させてふたたび自由にしてやった。」三人官《トリウムウィリ》たちは「共和政を再興するために」あたかも独宰官《ディクタトル》のような権力をみずからに授け、アウグストゥスはそのことをみずからの行為を要約して述べた記録（『業績録』）の中で「自由を抑圧した党派がローマ共和政から失わせた自由を共和政に返すことに私は成功」した、と自賛したのである。彼は前二八年（彼が築き上げた政体に制度上の基礎固めをなし終える権力の総体をみずからに授けた年の前年）に、エフェソスにおいて一つの貨幣を鋳造させたが、貨幣の表には月桂樹を頭に戴《いただ》いた彼の人物像が次の銘とともに現われていた。「凱旋将軍《インペラトル》カエサル・神の子・執政官・ローマ国民の自由の守護者」（貨幣の裏面にはヘルメスの杖をもつ平和の女神の描写がある）。それはたぶん彼が得たもの――根底にはあのローマ共和政のものがあった――の一つだったであろうが、ローマ共和政の復興の形を彼に許すことによってようやく人びとが彼の支配に承服したわけだった。このような見地から見て初めて、アウグストゥスはかなり首尾良く成功したと言えるのである。なぜなら、つい最近になるまで、私どもは共和政的な政体と帝国とのあいだの制度上の連続性を見い出すのに大いに骨折ってきたわけだが、とうとうこんにちでは、アウグストゥスの権威《アウクトリタス》が事実上の権威であったこと、それゆえに、彼の権威には事実に基づく新たな合憲性がいつも変わることなく備わっていたと私どもは気づくのである。彼の権力は革命的であった、と言い換えることが出来る[1]。

（1）以上は二つのそれぞれ独立した、そして同じ年、一九三七年の日付をもつ著作の結論である。すなわち、R. Orestano, "Le pouvoir normatif des empereurs et les constitutions impériales"（「アウグストゥス再訪」として *Labeo*, XXVII, 1981, 53-98 に再録）〔訳者の試訳：R・オレスターノ『皇帝の規範的な権力と帝政的な国制』〕および A. von Premerstein, *Vom Werden und Wesen des Principats*. 〔訳者の試訳：A・フォン・プレマーシュタイン『元首政の生成と本質について』〕。

しかし、オクタウィアヌス〔前二七年一月、アウグストゥスと称した〕はローマの政治的な慣行を決定的に改め、新しい権力を打ち立てるべき者は自分を措いてほかにいないと真に理解したのは、また大いに考えられることである。個別の領域ごとに言えば、まず自由《リベルタス》であるが、自由とは一人ひとりの市民が実際にさまざまな政治的な権利を行使してみる、すなわち、民会（とりわけ選挙の民会）に実際に参加する、と定義されるのである。次に、指導層がローマ市民を遠方へ定住させることに、あるいはローマ市民権を幅広く賦与《ふよ》することに古くから、しかも執拗に反対してきたことについては、〔そんなことをしようものなら〕そのような人びとがローマの政治生活に参加するのを不可能にするに違いないという意識、そしてそれゆえに、そのような提案の裏に潜む破滅的な性格、それらが根拠となっていたのであった。なお、正確に言えば、前一世紀のあいだに、共和政の伝統は明らかに全く機能不全に陥ってしまったのであった。すなわち、追放されていたキケロをローマに呼び戻すとき、そのことを誰もが充分承知していたのであったが、すべてのイタリアの有権者はローマへ帰って来ることを元老院議決は執政官に対して書簡を通じて要請するよう命じていた。なおその上に、しばしば地方都市の元老院議決《デクレトウム》は――実際に民会へ出席する代わりの手段として――ローマへ送られた。ユリウス・カエサルは彼が軍神マルスの野《カンプス・マルティウス》において実行した公共工事は市民的ならびに政治的なさまざまな価値をそれぞれ伝統的な形式によって賞揚したものと、とかく好意的に解釈されるが（公会堂《ウイラ・プブリカ》と羊の公園《オウイレ》がその好例であったが、後者は以後「カエサルの柵《サエプタ・ユリア》」と呼ばれた）、彼はこの意味で生じたさまざまな変化の現実の価値を理解しなかったということは充分にあり得た。逆に彼の後継者アウグストゥスは、ローマ市ならびに全イタリアを行政区域に組織したが、そのことが証言するように、彼はとっくにその価値に気づいていたのである。

しかしとりわけアウグストゥスは、ひとたび権力の座に着くや、その革命的な起源を呼び起こすことができるすべてのものをあたかも消しゴムで消すように、消し去ることにいっしょうけんめいになり、またこびへつらう元老院が彼に授けた法外なさまざまな名誉を表面上は拒否したのであった。そんなわけで彼が「私は祖先の慣習にそぐわないいかなる政務官職をも受け入れるつもりはない。」（『業績録』六章の一）とか、たとえ同時代の人以上に影響力を持てたとしても、同僚の政務官が持った以上に権力を保持したことは決してなかった（『業績録』三四章の一）と言い切ったのはうなずける。しかしこの宣言はまことに控え目ではあったが、あたかも誇示するかのように、彼の巨大な墓《マウソレウム》（直径八七メートル、高さ三五メートルで、前二八年より軍神マルスの野《カンプス・マルティウス》において建設が始められた）の入り口の銅板に刻まれる運命を免れなかった。そしてこの墓は、人びとがアレクサンドリアのアレクサンドロスの壮大な墓に抱いたと同じものをきっとローマ人に思い起こさせたはずであった。

それゆえに、既に死に瀕していたローマ共和政に最後の止《とど》めを刺したのは、確かにユリウス・カエサルだったとしても、どの点を取ってみても革命的であった養父《カエサル》の数々の実践とははっきり一線を画し、ローマ共和政を再興する気配を見せながら実はミイラ化したのが、ほかならぬオクタウィアヌス・アウグストゥスであった。

訳者あとがき

『［新版］ローマ共和政』について

ローマの歴史は実に長かった。いかに長かったか、それを政体の変遷に従って述べて見ると、起源の時代の王政が二五〇年、共和政の時代が五〇〇年、西ローマの滅亡までの帝政が五〇〇年と、しめて一二五〇年に及んだ。本書はそのうちの共和政の歴史を述べたものである。単に歴史が長かっただけではない。ティベリス川の畔《ほとり》に生まれた都市国家《ポリス》はやがて世界を支配する強国に成長したのである。前二世紀のギリシア人ポリュビオスが「わずか五三年足らずのうちに人の住む世界《オイクメネ》を征服した」といち早く着目したように（一〇〇頁参照）、世界の覇者となったのである。その後もローマは東西南北にその領土を拡大し、後二世紀の初め、ハドリアヌス帝の時にその領土はペルシア湾に達した。ローマはまさにカプト・ムンディ世界の首都となったのである。

ローマの歴史はこれまでにさまざまな国において、さまざまな角度から研究され、さまざまな言語で書かれてきた。我が国においても多くの業績が積み重ねられてきたが、研究者の目は、そして一般の人たちの目も、ともすると帝政の時代に向けられてきたように思われる（一つの例として『西洋の歴史〔古代・

中世編」』（著者多数、ミネルヴァ書房）の「ローマ帝国」の項を見て頂きたい）。私が本書の翻訳を志したのはローマ史、それも共和政の時代をもっと知って頂きたいという思いからであった。つまり共和政とはどんな政体で、どんな歴史があったかを知って頂きたいからである。先ほどローマは世界の首都になったと言ったが、世界帝国は帝政時代にではなく、共和政の時代に成ったものである。王の独裁政治を倒して、市民一人ひとりがそれこそ一年交替で順番に国を支配するという、大げさに言えばかつてどの民族も、どの国の人も行なったことがないような政治がかくも長く――五〇〇年も――続いたばかりでなく、世界帝国を築いた、その独特の歴史を知って頂きたいからである。しかし私はローマ共和政を別の角度からも見てみたいと思っている。

本書を訳し終えて私がつくづく思ったのは、ローマ人はなんと多くの戦争を戦ったかという点である。ヤヌスの神殿の扉は戦時には開いたままで、平和時に閉じられたが、共和政時代に閉じられたのは一回きり、第一次ポエニ戦争後の前二三五年、ヌマ王（前八世紀末）以来のことであった。ローマ人にとってこの戦争がいかに過酷な戦いで、いかに人びとが平和を望んでいたことか！　しかし戦いはそれで終わりではなかった。さらにいっそう過酷な戦争がすぐ次に控えていた。第二次ポエニ戦争、いわゆるハンニバル戦争。こうしてローマ人は次々と戦争に巻き込まれ、再度ヤヌスの神殿の扉が閉じられたのはアウグストゥスの時であった（八九頁参照）。本書を構成する三つの章どれをとっても戦争が語られている。初期の、ラテン人・サビニ人・エトルリア人相手の戦争を著者は基本的に防衛戦争と言っているが、相手はローマから見て高い所に位置した。つまりローマ市は非常に低い土地に位置したことを意味する。

この点についてすでに古くはコーウェルという人が注目したが（拙著『古代ローマのイタリア支配』三二一頁参照）、このような戦争によってローマ人は鍛えられたに違いない、と私は考える。

当然数多くの戦争は——しかも長くて苦しい戦争ばかりであった——ローマの歴史に重大な影響を及ぼした。まず第一が軍隊と戦術に与えた影響であるが、これについては本文で述べられているので繰返さない。もう一つが政治に、とりわけ政務官制度に及ぼした影響である。もともと二名の執政官で出発したからきわめて小さな政府だった。法務官の記録が現われるのは前三五〇年である。戦争の数が多くなり、戦場がローマから遠くなれば多数の軍司令官も必要になったが、新たな政務官を設けるとか、定員を増やすことはせず（ただし法務官の定員は増えた）、代行職によって凌いで（執政官代行《プロ・コンスル》と法務官代行《プロ・プラエトル》）、政務官制度を決定的に変更することはなかった。代行職の任期は必要とする期間に限られたし、正規の政務官の任期一年も厳格に守られた。ただ長い目で見るなら、政務官代行の登用は共和政を終焉に導いた決定的な要素であったように思われる。その理由は、ポンペイウスやカエサルに複数年にまたがる、そして複数の属州《プロウィンキア》にまたがる軍司令権《インペリウム》を認めることになったからである。カエサルが暗殺者の手に倒れたのも宜なるかなであろう。それに対して帝政を樹立したとされるアウグストゥスはなぜ天寿を全うしたか、本文の末尾の文章を見て頂きたい。二人の最後を比べてみたとき、共和政ローマの政治制度や軍事制度がいかに深く関係していたかが理解できるのではないだろうか。本書を訳し終えて私が思い至ったのはこの点であった。

さて、「浜の真砂は……」のセリフではないが、次々と書かれるローマ共和政の歴史のなかで、とりわけ本書の特徴を一言で述べよと言われると、途端に答えに窮するが、あえて清水の舞台から飛び降りる思いで申し述べれば、歴史を研究するおもしろさ、就中、ローマ共和政の歴史を読む楽しさを教えてくれた、ということではないだろうか。「なるほど、そうだったのか！」と思わず膝を打ちたくなる、こういう思いを何度したことか。私がこう思うのは、なによりも著者が優れたストーリー・テラーであることに一番の理由があると言ってよいだろう。同時に私にとっては苦労の連続であったが、また喜びでもあった。ともかく、いくつかの例を挙げてみようと思う。

前五〇九年、共和政が始まり、最初の執政官は二人ではなく、結局五人も選ばれたのであるが、それについて、次のように述べている（一七～一八頁）。

「しかしこの五人の名は、ローマ人が最高権力の任命の際に正規の手続きを踏んだとしても、予期せぬことは起きる時には起きる証拠、とわれわれは解釈できるだろう。いずれにしても執政官の権力は翌年から恐らく二人の人間によって行使された。」

執政官には平時のインペリウム命令権と軍事の命令権という強大な権力が授けられたが、後者がいつ国民に対し向けられるか知れない危険性をローマ人は早くから知っていた。いわゆるシビリアン・コントロールという現在においてきわめて重要な問題である。軍人が戦地からローマ市へ帰還するたびごとに行なわれなければならなかった「清めの儀式」について次のように述べられている。

「したがって、軍人を清める儀式を行なわないで、そしてまた、軍人から彼ら特有の暴力を奪うことなくして、ローマ市入りを認めてしまうことは出来なかっただろう。かれらは軍人となる儀礼を行なって初めて動員されなければならず、またそうすることによって、彼らを恐るべき軍人に仕立て上げたのであった。しかしこのように二つの権力をはっきり区別すること、それは共和政が終わるまで必ず行なわれた。そのような慣行は、後の時代になるほど単なる区別に過ぎなくなるが、それでも時と所によっては起こりえた武力による権力の掌握に対して、ローマ人が示した非常に強い警戒心を表わすものであった。」（一九頁）

ローマと地中海の強国カルタゴとはしばしば（たぶん通商のための）条約を結んだ同盟国であったが、最初の条約は前五〇九年に、そして次に前三四八年に結ばれたように、両国は非常に早くから同盟国であったことが知られているが、しかしとくに最初の条約は一体全体事実であったか、疑われてきた。初期の条約について、著者の見解は次のようになっている。

「同時にローマはその地平線を恐らく同盟国カエレの仲介によって拡大させただろう。最近そこから発見されたいくつかの記録は、カエレをカルタゴと同盟させた緊密な関係を立証した。ローマとこのフェニキア人の都市とのあいだで結ばれた条約は、新たな利害関係を立証している。なるほど最初の条約は、すでに前五〇九年に「誓約」されていたが、しかしローマとカルタゴの双方にはそれぞれの勢力範囲を不測の侵略から守るという問題があった限り、その条約は同じ範囲を射程内に入れていたわけではない。そしてそれゆえにその条約はカルタゴがエトルリア人のいくつか「他の」都市と結んでいた条約に似た性質をもっていた。」（四三頁）

以上のような例を挙げ出したらきりがないので、いい加減にしなければならないが、最後に末尾の文章を挙げて終わりにしたい。

「それゆえに、既に死に瀕していたローマ共和政に最後のとど止めを刺したのは、確かにユリウス・カエサルだったとしても、どの点をとってみても革命的であった養父の数々の実践とははっきり一線を画し、ローマ共和政を再興する気配を見せながら実はミイラ化したのが、ほかならぬオクタウィアヌス・アウグストゥスであった。」

最後になりましたが、白水社編集部の浦田滋子さんの数々の御協力に感謝申し上げたい。文庫クセジュにはすでにA・クレリシ／A・オリヴジ『ローマ共和政』（高田邦彦・石川勝二共訳）があるので、副題を含め題名をどうするか、何回かメールをやりとりしてようやく決まった次第である。また、最初の読者として訳者の気づかなかった誤りや不備を指摘して頂き、この訳書の刊行に漕ぎ着けることが出来た。それでも誤りや不備があるとすれば、すべて訳者の責任である。

翻訳について

原著はほぼ五〇〇年にも及ぶ長いローマ共和政の歴史を Que Sais-Je ? 一冊に収め、しかも至る所で諸説入り乱れる学説史を手際よく整理して叙述に活かす必要のため——と訳者は判断した——もあり、ともするとワンセンテンスが非常に長くなる例が随所に見られた。長文をその文脈を損なうことなく日本語に直すことは決して容易でなかったが、短い文章に区切って訳すことは——可能な限り——避けて、原文通りに訳すよう努力した。

また、原著は碩学が長くて複雑な共和政の歴史を長年の研究に基づいて読者に向かってじゅんじゅんと説く文体で書かれている——と訳者は判断した——ので、断定調の文体は避け、やさしい、丁寧な文体を心がけたが、はたして成功しているかどうか、多くの方々の批判を待ちたい。

次に、ローマの歴史を訳す際に訳者が苦労する点の一つが固有名詞の表記である。訳者は次の原則に従った。

1古代の地名・人名などはできるだけラテン語の表記に、ギリシアのものはなるべく古典ギリシア語の表記に従った。ただし、知名度の高い地名は、現代の表記を用いた。例：アテネ、ナポリ、マルセイユ、エジプト、シチリア島など。

2ローマ人の名は普通、個人名・氏族名・添え名（家族名）の順序で表わされるが、繁雑を避けるため、個人名・氏族名か、氏族名・添え名で表わしたり、時に個人が特定できるときは、個人名のみ、氏族名のみ、添え名のみで表わした。

3原著の中の原語（おもにラテン語）は可能な限り和訳したが、語の発音をカタカナ書きのルビにして訳語に付した（時に現代語のものもある）。ラテン語の発音はローマ字読みに近いので、原語のスペリングを判断するのは難しくなく、辞書（羅和辞典、時に羅英辞典など）で現代語による訳を確かめて頂けるようにした。

翻訳上の技術的な点について

原著にはワンセンテンスが非常に長い文章が随所に現われている。すなわち、「.」（ポワン）とのあいだに、「,」（ヴィルギュル）、「;」（ポワン－ヴィルギュル）、「:」（ドゥ・ポワン）、そして関係代名詞、現在と過去の分詞で導かれる文や節、短い句が連なっている長い一文はフランス語に特有の表現法らしいが、このような文章を文脈を損なわずに日本語に直すのはなかなか骨の折れる仕事であったのでチレ（いわゆる二倍もののダッシュ）を使ってわかりやすく表記した。また、原注は（ ）、訳注は〔 〕で示し、短いものは本文に追い込み、長いものは本来本文中に入れるべきではあるが、読みやすさを考慮して（1）、（2）の番号を付けて各段落の末尾に置くことにした。

原著にミスプリントと思われるものはほとんど無かったが、年代について二か所訳者の責任において改めた。

著者について

著者フランソワ・イナール教授は、残念なことにすでに故人になっておられる。未亡人のモニク・イナールさんより著者の詳しい経歴と業績が送られてきた。すべてを紹介するのは控えて、ごく手短に述べるにとどめる。

フランソワ・イナール教授は、各地の大学に勤めたのち、パリ・ソルボンヌ大学教授（Professeur de civilisation de l'Antiquité à l'Université de Paris-IV-Sorbonne）、ならびに学長（Recteur、二〇〇〇年の段階で）となった後、退職。主な著作としては次のものがある（訳者の試訳による）。

『共和政ローマにおける政治的迫害』（一九八五年）

『スラ』（一九八五年）

『死、死者、そして彼岸』（一九八七年）

その他、編著と論文集が一編ずつある。

最新の著作については、参考文献の末尾に挙げておいたので、ご覧いただきたい。

石川勝二

二〇一三年十一月

参考文献
（原書巻末）

共和政時代の理解はここ最近数十年のあいだに非常にはっきりとした形で一新されていて、それら一新された知識を余すところなく報告する参考文献表をお示しするのは不可能でしょう。ここでは現行の『クセジュ叢書』の一冊を執筆するに当たりとりわけ利用価値の高かった重要な著書や単行論文のいくつかのタイトルを単にお知らせすることになるだけですが、しかし次の人たち——G. Dumézil, J. Heurgon, A. Magdelain, C. Nicolet——の著作を読まずしてこの時代の歴史を深く掘り下げることは誰もできないということをあらかじめ再確認しておきたいと思います。

本書が扱う時代の詳細な参考文献に関しては、ジャック・ウールゴンとクロード・ニコレの次の書を参照してください。

Heurgon, J., *Rome et la Méditerranée occidentale jusqu'aux guerre puniques*, Paris 1982. PUF, Collection Nouvelle Clio, 7.

Nicolet, C., *Rome et la conquête du monde méditerraneéen*, 1: *Les structures de l'Italie romaine*, Paris 1991. PUF, Collection Nouvelle Clio, 8.

Nicolet, C., Rome et la conquête du monde méditerraneéen, 2: Genèse d'un empire, Paris 1978.PUF, Collection Nouvelle Clio, 8 bis.

定期的な出版案内は次のものがある（最近のもの）。

Hinard, F., Bulletin historique: Rome des origines à la fin de la République: *Revue historique*, CCLXXVII, 1987, 121-166; CCLXXIX, 1988, 129-180.

Badian（E.）, *Roman Imperialism in the Late Republic*, Oxford 1968.

Brunt（P.）, *Italian Manpower（225 BC- AD 14）*, Oxford UP 1971

Coarelli（F.）, *Il foro romano*, I: *Periodo arcaico*, Rome Quasar, 1983.

Coarelli（F.）, *Il foro romano*, II: *Period repubblicano e augusteo, ibid.*, 1985.

Corelli,（F.）, *Guida archeologica di Roma*, Bari, Laterza, 2^{e}éd., 1980.

Crawford（M.）, *Coinage and Money under the Roman Republic. Italy and the Mediterranean Economy*, London, Methuen, 1985.

Dumézil（G.）, *La Religion romaine archaïque*, Paris, Payot, 2^{e}éd., 1987.

Dumont（J.-C.）, *Servus. Rome et l'esclavage sous la République*, Rome, Ecole française, 1987.

Dupont（F.）, *L'Acteur-roi ou le theâtre dans la Rome antique*, Paris , Belles-Lettres, 1985.

Ferrary（J.-L.）, *Philhellénisme et impérialisme. Aspects idéologiques de la conquête romaine du monde hellénistique de la seconde guerre de Macédoine à la guerre contre Mityhridate*, Rome, Ecole française, 1988.

Gabba（E.）, *Esercito e società nella tarda repubblica romana*, Florence, La Nuova Italia, 1973.

Gabba（E.）, Osservazioni sulla decadenza della piccola proprietà nell'Italia centro-meridionale del II°sec. a.C., *Ktema* II, 1977, 269-284.

Giovanni（A.）, *Consulare imperium*, Bâle, Reinhardt, 1983.

Grimal（P.）, *Le Siècle des Scipions. Rome et l'hellénisme au temps des guerres puniques*, Paris, 2ᵉéd. refondue et augmentée, 1975.

Gros（P.）, *Architecture et société à Rome et en Italie centro-méridionale aux deux derniers siècles de la République*, Bruxelles, Latomus, 1978.

Hellegouarc'h（J.）, *Le Vocabulaire latin des relations et des partis politiques sous la République*, Paris, Belles-Lettres, 2ᵉ tirage, 1972.

Hinard（F.）, *Les Proscriptions de la Rome républicaine*, Rome, Ecole française, 1985.

Hopkins（K.）, *Death and Renewal*, Cambridge UP, 1983.

Humbert（M.）, *Institutions politiques et sociales de l'Antiquité*, Paris, Dalloz, 1984.

Keaveney（A.）, *Rome and the Unification of Italy*, London, Croom Helm, 1987.

Le Glay（M.）, *Rome. Grandeur et déclin de la République*, Paris, Perrin, 1990.

Magdelain（A.）, *Etudes de droit romain*, Rome, Ecole française, 1990.

Meyer（J.-C.）, *Pre-Republican Rome. An Analysis of the Cultural and Chronological Relations 1000-500 BC*, Odense UP, 1988.

Nicolet（C.）, *L'Ordre équestre à l'époque républicaine*, Rome, Ecole française, 2 vol., 1963-1974.

Nicolet（C.）, *Le Métiier de citoyen dans la Rome républicaine*, Paris, Gallimard, 1976.

Pallotino（M.）, *Storia della prima Italia*, Milan, Rusconi, 3ᵉ éd., 1985.

Syme（R.）, *La Révolution romaine*, Paris, Gallimard, 1967.

Taylor（L. R.）, *The Voting Districts of the Roman Republic*, Rome, American Academy, 1960.

Tchernia（A.）, *Le Vin de l'Italie romaine: essai d'histoire économique d'après les amphores*, Rome, Ecole francaise, 1986.

Virlouvet（C.）, *Famines et émeutes à Rome des origines de la République à la mort de Néron*, Rome, Ecole française, 1985.

［訳注］

上の参考文献表には原著の初版（一九九二年）までに出たものが載せられていて、第三版（一九九八年）までに出たものは全く加えられていない。さらにこんいちに至るまでに多数の研究が出ているが、訳者による補遺を付けることは断念した。訳者の取捨選択が著者の意に叶うかどうか判断しかねたからである。その代わりに著者による最新のローマ共和政の概説書（共著）を紹介しておきたい。

François Hinard, sous la direction de, *Histoire Romain*, tome I *Des origines à Auguste*, Paris 2000, Fayard.

内容はローマの起源からアウグストゥスまでのローマ史で、著者以外３名の共著者が寄稿したローマ共和政が終わるまでの詳しい概説である。著者は序文および全20章のうちの８章を執筆し、各章ごとに詳細な参考文献が付せられているので、それらを参照して頂きたい（著者の編になる第二巻は帝政時代が充てられているが、すでに刊行されているかどうか、訳者はこんにちまで確認していない）。

訳者略歴
石川勝二（いしかわ・かつじ）
一九四〇年生まれ
一九七〇年名古屋大学大学院終了
古代ローマ史専攻
愛媛大学、椙山女学園大学教授を経て、現在
椙山女学園大学名誉教授
主要著訳書
『古代ローマのイタリア支配』（渓水社）
『移動の地域史』（共著、山川出版社）
『私はラテン語』（椙山女学園大学研究叢書四一、渓水社）
A・クレリシ／A・オリヴジ『ローマ共和政』（共訳、白水社文庫クセジュ四五四番）
B・コンベ＝ファルヌー『ポエニ戦争』（白水社文庫クセジュ八一二番）
マリア＝ジュリア・アマダジ＝グッゾ『カルタゴの歴史』（白水社文庫クセジュ九三五番）

〔新版〕ローマ共和政

二〇一三年一二月五日印刷
二〇一三年一二月三〇日発行
訳者 © 石川勝二
発行者 及川直志
印刷所 株式会社平河工業社
発行所 株式会社白水社
東京都千代田区神田小川町三の二四
電話 営業部〇三（三二九一）七八一一
編集部〇三（三二九一）七八二一
振替 〇〇一九〇—五—三三二二八
郵便番号一〇一—〇〇五二
http://www.hakusuisha.co.jp
乱丁・落丁本は、送料小社負担にてお取り替えいたします。
製本：平河工業社
ISBN978-4-560-50986-9
Printed in Japan

文庫クセジュ

歴史・地理・民族(俗)学

62 ルネサンス
79 ナポレオン
133 十字軍
160 ラテン・アメリカ史
191 ルイ十四世
202 世界の農業地理
297 アフリカの民族と文化
309 パリ・コミューン
338 ロシア革命
351 ヨーロッパ文明史
382 海賊
412 アメリカの黒人
428 宗教戦争
491 アステカ文明
506 ヒトラーとナチズム
530 森林の歴史
541 アメリカ合衆国の地理
566 ムッソリーニとファシズム
590 中世ヨーロッパの生活
597 ヒマラヤ
604 テンプル騎士団
610 インカ文明
615 ファシズム
636 メジチ家の世紀
648 マヤ文明
664 新しい地理学
665 イスパノアメリカの征服
684 ガリカニスム
689 言語の地理学
709 ドレーフュス事件
713 古代エジプト
719 フランスの民族学
724 バルト三国
731 スペイン史
732 フランス革命史
735 バスク人
743 スペイン内戦
747 ルーマニア史
752 オランダ史
760 ヨーロッパの民族学
766 ジャンヌ・ダルクの実像
767 ローマの古代都市
769 中国の外交
781 カルタゴ
782 カンボジア
790 ベルギー史
810 闘牛への招待
812 ポエニ戦争
813 ヴェルサイユの歴史
814 ハンガリー
816 コルシカ島
819 戦時下のアルザス・ロレーヌ
825 ヴェネツィア史
826 東南アジア史
827 スロヴェニア
828 クロアチア
831 クローヴィス
834 プランタジネット家の人びと
842 コモロ諸島

文庫クセジュ

853 パリの歴史
856 インディヘニスモ
857 アルジェリア近現代史
858 ガンジーの実像
859 アレクサンドロス大王
861 多文化主義とは何か
864 百年戦争
865 ヴァイマル共和国
870 ビザンツ帝国史
871 ナポレオンの生涯
872 アウグストゥスの世紀
876 悪魔の文化史
877 中欧論
879 ジョージ王朝時代のイギリス
882 聖王ルイの世紀
883 皇帝ユスティニアヌス
885 古代ローマの日常生活
889 バビロン
890 チェチェン
896 カタルーニャの歴史と文化
897 お風呂の歴史
898 フランス領ポリネシア
902 ローマの起源
903 石油の歴史
904 カザフスタン
906 フランスの温泉リゾート
911 現代中央アジア
913 フランス中世史年表
915 クレオパトラ
918 ジプシー
922 朝鮮史
925 フランス・レジスタンス史
928 ヘレニズム文明
932 エトルリア人
935 カルタゴの歴史
937 ビザンツ文明
938 チベット
939 メロヴィング朝
942 アクシオン・フランセーズ
943 大聖堂
945 ハドリアヌス帝
948 ディオクレティアヌスと四帝統治
951 ナポレオン三世
959 ガリレオ
962 100の地点でわかる地政学
964 100語でわかる中国
966 アルジェリア戦争
967 コンスタンティヌス
974 ローマ帝国
979 イタリアの統一
981 古代末期

文庫クセジュ

哲学・心理学・宗教

文庫クセジュ

866 透視術
874 コミュニケーションの美学
880 芸術療法入門
881 聖パウロ
891 科学哲学
892 新約聖書入門
900 サルトル
905 キリスト教シンボル事典
909 カトリシスムとは何か
910 宗教社会学入門
914 子どものコミュニケーション障害
927 スピノザ入門
931 フェティシズム
941 コーラン
944 哲学
954 性倒錯
956 西洋哲学史
958 笑い
960 カンギレム
961 喪の悲しみ
968 プラトンの哲学
973 100の神話で身につく一般教養
977 100語でわかるセクシュアリティ
978 ラカン

文庫クセジュ

芸術・趣味